백용성의
금강경 강의

벼락같이 진리를 꿰뚫는 통찰

◇

백용성의
금강경 강의

◇

백용성 지음 | 김호귀 풀이

어의운하

일러두기

1. 이 책은 용성 스님이 삼장역회三藏譯會에서 1936년 9월 30일 발
   행한 순한글판 『신역대장경금강경강의』를 김호귀 교수가 현대
   의 맞춤법과 뜻에 맞게 풀고, 각주를 새롭게 달아 출간한 것으
   로 저본은 구마라집본이다.

2. 용성 스님의 『신역대장경금강경강의』은 소명 태자의 32분에 따
   라서 총 113단락으로 나누고, 112곳에 해설을 덧붙인 것이다.
   각 분의 제목은 자료의 가치를 생각해 용성 스님의 한글 번역
   을 그대로 따랐으며, 제목의 한자와 본문의 한자는 독자의 이
   해를 돕기 위해 새롭게 넣었다. 경문 중 괄호 안에 있는 글은
   용성 스님의 것이다.

목차

서문

『금강반야바라밀경』 하권

무릇 이 경전은 일체중생의 본원각성本源覺性에 청정한 금강의 무위불심無爲佛心을 드러내어 견성성불見性成佛하도록 해 주는데, 그 본체는 집착이 없어 허공과 같고, 그 지혜는 해와 달보다 밝다. 불타께서는 일체중생이 자기의 청정심에 어두워서 무량겁 동안 생사에 윤회하는 것을 보시고 불쌍하게 여겨 수보리와 더불어 묻고 대답하여 낱낱이 그 의심을 모두 풀어 주셨다.

처음에 수보리가 이 몸과 마음인 색·성·향·미·촉·법에 잔뜩 집착하여 보시함으로써 부처님의 복덕을 추구하려고 하자 세존께서 무주無住로써 타파하시고, 또 보시에 집착하여 불국토 장엄을 질문하자 세존께서 불국토는 장엄할 것이 없다는 답변으로써 타파하시며, 또 복덕으로 삼십이상三十二相과 팔십종호八十種好를 받는 것에 집착하자 세존께서 구족색신具足色身이 아닌 것으로써 타파하시고, 또 여래에게는 반드시 삼십이상이 있다고 집착하자 세존께서 응신應化과 화신化身은 참된 것이 아니고 보신報身은 상을 벗어난 것으로써 타파하시며, 또 법신法身에 상이 있는 것으로 집착하자 세존께서 법신은 상相이 아니라는 것으로써 타파하시고, 또 법신에 진실한 아我가 있다는 것에 집착하자 세존께서 일체법에 아가 없다는 것으로써 타파하시며, 또 여래에게 반드시 삼십이상이 있다고 집착하자 세존께서 동일하지도 않고 다르지도 않다는 것으로써 타파하셨다.

이처럼 수보리의 질문에 따라서 일체를 모두 타파하시니, 모든 상이 다 공하고 마음에 때가 털끝만치도 없어 일념도 붙일 곳이 없고, 그 이치가 모두 소멸되어 망정을 잊게 하였다. 보는 대상인 망상이 이미 공하므로 보는 주체인 망견이 없다. 이 진실한 반야는 끝에서 끝까지 극칙極則하여 바로 법신행상法身行相의 한길을 뚫어 벗어나 있다.

세존께서 말씀하셨다.

"보리심을 일으킨 자는 저 일체법에 대하여 마땅히 이와 같이 알고, 이와 같이 보며, 이와 같이 믿어서 길이 법상法相을 일으키지 말라. 이와 같은 경지에 이르러야 비로소 그것이 진실로 아는 것이고 진실로 보는 것이며 진실로 믿는 것으로서 길이 일체 법상을 일으키지 않는 것이다. 이것은 곧 사람(人)과 법法을 다 잊고 범부와 성현이 더불어 말로 표현할 수가 없고 분별심으로도 어쩔 수가 없는 경지이다. 그러므로 마음을 일으키면 곧 어그러지고 생각을 움직여도 곧 어그러지고 만다."

또 다음과 같이 말씀하셨다.

"이른바 법상法相은 법상이 아니다."

이 진실한 상은 망령된 소견으로 가히 알 바가 아니다. 반야의 진공묘지眞空妙智가 이에 다하였도다.

불기 2948년(1921) 10월 25일

삼장역회 백용성이 쓰다

◇

또다시 한말로 우리 불교를 믿는 사람에게 선전코자 합니다.
우리는 오직 불심만 믿어 나의 억천 겁에 어두운 마음을 타
파하고 청정도덕과 마음이 편안하고 참 즐거움을 수용합시
다. 빈도貧道가 재주가 없고 지혜가 얕으며 눈이 어둡고 손이
떨리지만, 오는 세상이 다하도록 모든 중생이 정법을 깨달아
함께 성불하기를 원하며 이 경전을 번역합니다.

『신역대장경 금강경 강의』[1]

삼장역회[2] 용성당 백상규[3] 강의

[1] 용성당 진종 백용성 종사가 1936년 9월 30일 삼장역회에서 널리 경전
을 보급하기 위하여 번역 출간한 것이다.
[2] 삼장역회三藏譯會는 1921년 3월에 출소한 용성 스님이 불교경전의 번역
사업을 위하여 만든 단체이다.
[3] 용성당龍城堂은 당호이고, 속성은 백白씨이며, 속명은 상규相奎이다.

1. 『금강반야바라밀경』의 제목

질문 : 『금강반야바라밀경』은 견고하고 예리하여 만물을
    파괴하는데 그것이 중생의 번뇌를 단절하는 비유
    가 아닌가.

답변 : 부처님이 최초에 『화엄경』을 설하고 만법을 거느려
    일심을 해명하시니 상덕성문上德聲聞[4] 및 적행보살
    積行菩薩[5] 등 아무도 이해하는 사람이 없었다. 이에
    부처님이 자세하고 곡진하게 자비를 베풀어서 고
    상한 향상법向上法[6]을 버리고 얕은 법을 설하여 고
    구정녕하게 말씀하셨다. 그리하여 20년 동안에 모
    든 제자에게 아함부[7]와 방등부[8]를 설하여 근기가
    점점 성숙하게 하였다. 그런 연후에 이 『금강경』을
    설하여 모든 제자들에게 금강과 같이 불변하는 불

---

4 덕행이 높은 성문
5 전생부터 오랜 수행을 쌓은 보살
6 바로 깨침으로 이르게 하는 가르침
7 아함경阿含經은 하나의 경전이 아니라 석가모니가 실제로 설했다고 생
   각되는 말씀들로 이루어진 수많은 경들의 총칭으로 4아함으로 분류
   된다. 4아함은 경전의 길이를 기준으로 한 장아함과 증아함, 취급하는
   주제나 대화자의 종류 등에 따라 집성한 잡아함, 법수에 따라 분류한
   증일아함을 말한다.
8 방등경方等經은 『화엄경』 내지 『법화경』 등 대승경전의 총칭이다. 방등
   方等이란 방정方正·평등平等의 뜻으로 가로로 시방十方에 뻗치는 것을
   방方이라 하고, 세로로 범부와 성인에 통한 것을 등等이라고 한다.

성의 속성을 바로 가르쳐서 의심을 단절하고 믿음을 일으키게 한 것이지, 모든 중생의 번뇌를 단절한다는 말씀이 아니다.

이 『금강경』은 중생세계의 상식적인 개념이 아닌 까닭에 모든 중생의 세상에서는 부처를 아는 자가 없다. 부처님은 하늘도 아니고 사람도 아니며 귀신도 아니고 오직 청정대원각진성清淨大圓覺眞性[9]이므로 그 체성을 분별의 생각으로 헤아리기가 어렵다. 그래서 천상이나 인간이나 귀신이나 그 부처님의 지혜와 신통을 아무도 아는 자가 없고 대적할 자가 없다. 그 부처님은 불생불멸의 원만한 성품이므로 그 성품을 깨치지 못한 자는 부처님을 알지 못한다. 분별의 생각으로 헤아릴 수 없는 위대한 작용으로써 세간에 출현하니, 그 일용행사와 그 제법의 규칙과 사사법법事事法法[10]이 중생세계 사람들의 상식적인 생각으로는 측량하기 어렵다. 때문에 부처님이 말씀하셨다.

"내가 세상에 출현하매 천상의 모든 천신天神들과 인간人間의 모든 사람들과 일체 아수라의 무리와

---

9 크고 원만한 깨달음의 참성품의 완성
10 모든 사건과 모든 상황

외도外道의 무리와 마왕魔王의 무리가 모두 마땅히 놀라고 의심한다."

질문 : 무릇 천상과 인간만이 의심할 뿐만 아니라 당시의 모든 제자들도 의심하였는데 왜 그런가.

답변 : 그것은 부처님이 설법하시되 비어 있는 것을 말씀하시다가도 홀연히 실제로 있는 것을 말씀하시며, 옳은 것을 말씀하시다가도 홀연히 그른 것을 말씀하시며, 혹 칭찬하다가 혹 배척하시며, 혹 권장하다가 혹 꾸짖으시니 그 언사가 일정하지 않기 때문에 그 모든 제자가 의심을 일으켜 "마왕이 부처님으로 나타나서 우리의 마음을 혼란시키는 것이 아닌가"라고 말했다. 곧 상수제자上首弟子[11]도 의심을 냈는데 초학자初學者[12]가 어찌 의심을 일으키지 않겠는가. 참으로 부처님의 말씀은 믿기 어렵고 알기 어렵다.

부처님이 20년 동안 모든 제자를 가르쳐도 오히려 믿는 사람이 없었는데 오늘날에 와서 수보리須菩提[13]가 처음으로 조금 깨달아 홀연히 세존世尊을 찬

---

11   가장 으뜸이 되는 제자
12   처음으로 불법에 입문한 사람

탄하였다. 이에 부처님이 여래의 금강과 같이 불변의 속성을 지닌 불성을 드러내어 제자들로 하여금 모든 의심을 단절하고 천진스런 면목을 분명하게 드러내도록 한 것이지 중생의 번뇌를 단절한다는 것이 아니다.

저 『금강경』의 대의를 자세하게 살펴보라. 혹 어떤 사람이 그렇지 않다고 반대하는 자가 있거든 경전의 대목을 자세하게 살펴보라. 모든 대목이 수보리가 의심하는 곳에 대하여 부처님이 낱낱이 그 의심을 타파해주시고, 금강과 같이 불변의 속성을 지닌 불성을 바로 가르쳐주시니, 이 경전의 제목이 무릇 그 가르침이지 비유가 아니다. 이 『금강경』은 의심을 단절하고 믿음을 일으키도록 주장하는 것이다. 때문에 도를 닦는 사람들은 믿음으로써 근본을 삼아야지 의심하면 스스로 장애만 되고 만다. 이 『금강경』은 무릇 금강과 같이 불변의 속성을 지닌 불심을 바로 드러내어 모든 제자로 하여금 의심을 단절하고 진성을 깨닫게 한 것이다.

13 부처님의 십대제자 가운데 공에 대한 이해가 가장 뛰어남

질문 : '반야'는 우리말로 번역하면 '지혜'라는 말이다. 무
엇을 지혜라 말하는가.

답변 : 허공은 법을 설하지 못하고 법을 듣지도 못하며,
지·수·화·풍으로 이루어진 육체는 원래 무정한
것으로 마치 목석과 같아서 법을 설하지도 못하고
법을 듣지도 못한다. 지금 우리의 목전에 역력하게
밝아 모든 형상이 없는 것이 법을 설하고 법을 듣
는다. 이 형상이 없는 일물一物[14]이 진공의 하늘에
빛나며 묘유의 땅을 비추어 내·외에 한줄기 광명
이 분명하게 밝으며 행行·주住·좌坐·와臥 및 어語·
묵默·동動·정靜에 분명히 밝아서 항상 알기 때문
에 반야라고 말한다. 그래서 반야는 곧 지혜이다.

질문 : 무엇을 '금강'이라 말하는가.

답변 : 이들 형상이 없는 모든 일물이 만 가지로 변화하
는 곳에서 한결같이 움직이지 않고 영겁에 걸쳐서
도 완연하게 항상 존재하는 것은 금강과 같이 견
고하고 죽목정령竹木精靈[15]을 베어버리고 모든 미

---

14 열반이나 진여나 깨침과 같이 언설로 표현하기 어려운 것을 일컫는 말
로서 此事, 거시기(渠), 一着子, 一圓相 등과 같은 뜻이다.
15 대나무에 들러붙어 있는 도깨비라는 뜻으로 미혹한 존재를 일컫는
말이다.

세한 갈등까지도 모두 단절하는 것이 마치 금강과 같이 날카롭다.

또한 이 경전의 이름을 마하반야바라밀이라 한다. '마하'는 우리말로 번역하면 한없이 크다는 말이다. 우리의 마음이 형상은 없지만 그 밝기로는 해와 달로 비유할 수 없고, 그 덕성이 크기로는 하늘과 땅보다도 넓으며, 그 광대하기로는 허공을 집어삼키고, 그 체는 일체에 편만하여 없는 곳이 없으며, 삼세[16]에 끊어짐이 없고 시방十方[17]에 빈틈이 없다. 그러므로 마하라 말한다.

'바라밀'은 우리말로 번역하면 중생의 생사바다를 건너가서 무상진정도無上眞正道[18]의 언덕에 건너갔단 말이다. 깨치면 구름이 걷히고 비가 개이며 바다가 맑고 허공이 더욱 푸르며 제월광풍霽月光風[19]이 서로 화합하고 산빛과 물빛이 서로 비추는데 이것이 깨친 사람의 경계된 것이다. 이와는 달리 안개가 잔뜩 끼고 구름이 가득히 몽롱하여 위는 밝고 아래는 어두우며 해와 달이 빛을 차단당하고 산과

---

16 과거세와 현재세와 미래세의 시간개념을 뜻한다.
17 사방과 팔방 및 상방과 하방의 열 가지 공간개념을 뜻한다.
18 가장 높고 참되며 올바른 도를 뜻한다.
19 맑게 개인 하늘에 떠 있는 밝은 달을 뜻한다.

물의 영상이 숨어드는 데 이것은 미혹한 중생의 경계에 비유된 것이다. 미혹하면 생·사의 언덕에 있고 깨치면 생과 사가 없는 도를 증득한다. 그러므로 바라밀이라 말한다.

'경'이란 말은 길을 가르친 말씀으로 금강과 같이 불변의 속성을 지닌 불성의 미묘한 진심과 오묘한 뜻을 가지고 후대의 중생에게 길을 열어주는 까닭에 경이라 말한다.

무릇 이 『금강경』을 설할 때에 세 가지 의심이 있었다.

하나는 부처님이 형상 있는 색신과 형상 없는 법신을 말하시며 큰 몸과 작은 몸을 말씀하셨는데 제자들은 어떤 것이 진정한 부처님인지 모르니 이것을 의심한 것이다.

둘은 있음(有)을 말하시다가 홀연히 텅 빈 것(空)을 말하시며, 또 텅 빈 것을 말하시다가 홀연히 있지 않음(非有)을 말하시니 이것을 의심한 것이다.

셋은 법은 알아듣지만 그 법이 하도 엄청나게 크고 자기의 근기는 미약하여 그것을 감당하지 못할까 의심하는 것이다.

이런 까닭에 부처님이 수보리의 질문에 따라서 의심을 결단해주신 것이다. 이로써 의심의 구름이 타파되면 자연히 금강과 같이 불변의 속성을 지닌 참된 마음이 드러날 것이다.

『금강반야바라밀경』 상권

1. 청정한 대중이 법자리에 모인 이유 (法會因由分)

부처님께서는 설하시지만 아상은 설하지 못함을 증거로 삼다

1.

이와 같이 내[1]가 들었다. 한때에 부처님께서 사위나라 기수급고독원[2]에 계셨는데 대중 천이백오십 명[3]과 같이하셨다.[4]

---

1 부처님으로부터 친히 곁에서 설법을 들은 아난을 가리킨다. 이하 용성 스님의 번역본 텍스트는 척사판대장경본에 의거하였기 때문에 그에 따라서 해석한다. 척사판대장경본은 오늘날 불광대장경본의 모본이 되었다.

2 기수급고독원祇樹給孤獨園은 『금강경』을 비롯한 수많은 경전을 설한 지역으로 사위국의 수도에 있다. 곧 급고독 장자와 기타 태자가 각각 동산과 나무를 보시하여 지은 기원정사祇園精舍를 가리킨다.

3 항상 부처님 곁에 머물면서 불법을 실천하는 1,250명의 상수대중常隨大衆을 가리킨다.

4 경전의 일반적인 삼단구성으로 보면 이 대목은 서분序分에 해당한다. 서분 가운데서도 신信·문聞·시時·주主·처處·중衆의 육성취六成就가 갖추어진 증신서證信序에 해당한다. 여기에서 용성 스님은 "아난이 말하고 있는 바로 그것이야말로 아난이 부처님께 직접 들었다는 증거이다"라고 말한다.

○

내我[5]가 본래 비어서 없고 그 본래 없는 법도 곧 비어서 없다. 그러므로 그 내가 공이고, 그 법이 공이며, 두 가지 공인 것도 모두 비어 있고, 모두 공인 것도 또한 비어 있어서 금강과 같이 불변하는 불심의 속성에 큰 지혜가 원만한, 그 대법을 내(我)가 들었다. 곧 금강과 같이 불변하는 불심이 청정하여 천상세계와 인간세계에 길고 짧은 시간이 없는 그 일시에, 또 한량없는 영원한 시간(無量遠劫)이 찰나와 통하는 그 일시에, 또 스승과 제자가 그 깨침에 합치되는 그 일시를 말한다.

내가 듣는다는 인유因由

아난阿難[6]이 세 가지를 묻는데 부처님께서 대답하셨다. 첫째는 적정寂靜을 의미하는 열반 이후에 사념처四念處[7]를 의지하여 수행해야 한다. 신념처身念處는 자신의 몸이

---

5 수보리를 가리킨다.
6 부처님의 십대제자 가운데 다문제일로서 가장 많이 법문을 듣고 기억하여 후대에 유통시켰다.
7 신身·수受·심心·법法의 네 가지 대상에 마음을 집중하여 관찰하는 수행법이다.

부정함을 관찰하여(몸이 서른여섯 가지의 부정물로 합해져 있다) 그 애착을 벗어나야 한다. 수념처受念處는 눈과 귀와 코와 입이 혀와 몸과 뜻의 여섯 가지로 받아들이는 일체의 감각이 모두 고苦라는 것을 관찰하여 그 즐거운 생각을 벗어나야 한다. 심념처心念處는 마음이 발생하고 소멸하여 찰나찰나 무상함을 관찰해야 한다. 법념처法念處는 일체의 존재에 나의 자성이 없음을 관찰해야 한다. 이와 같은 네 가지 법에 의지하여 수행할 것이다.

둘째는 내가 그대들을 항상 경계했던 가르침을 경전으로 삼고 또 그것을 스승으로 삼아야 한다.

셋째는 일체 경전의 첫머리에 "이와 같이 내가 들었다. 한 때에 부처님께서 어느 곳에 계셨는데 어떤 대중과 같이 하셨다"는 말을 내놓아야 한다.

이와 같은 부탁과 유촉을 받았을 때 아난이 "이와 같이 내가 부처님께서 들었다"고 말했다. 이것은 부처님께서 몸소 설하신 것이지, 아난이 자의적으로 설한 것이 아니라는 확실한 증거를 제시한 것이다. 의심을 끊은 아난 존자가 항하 물가에서 일주일 동안 가부좌를 하고 수행하

---

8   가장 높고 바르며 위대한 가르침
9   삼십이상과 팔십종호는 부처님 몸에 나타나 있는 거룩한 모습으로 보통사람과 차별된다.

여 무상대도無上大道[8]를 성취하고, 삼십이상三十二相과 팔십종호八十種好[9]의 부처님 모습을 드러내어 대광명을 비추고 사자좌에 앉으니 그 당시의 대중이 다음과 같이 의심하였다.

'진정으로 아난이 성불한 것인가. 석가모니부처님께서 다시 오셨는가. 타방의 부처님께서 오셨는가.'

이처럼 세 가지로 의심을 하자, 아난이 청정한 음성으로 대중에게 "이와 같은 법은 내가 석가모니부처님으로부터 들은 것이다"라고 말하자 대중들은 그 세 가지 의심이 일시에 사라졌다.

내가 들었다는 근본

내가 들었다고 말하는데 들은 그 사람은 누구인가. 아난의 육신이 들었다면 그 육신은 지·수·화·풍의 네 가지 근본적인 요소四大로 구성되어 있어서 그 바탕이 목석과 같기 때문에 아난이 어찌 보고 듣고 느끼고 알겠는가. 그러므로 육신이 듣는다고 하면 죽은 송장도 듣는단 말인가. 그렇다면 귀가 듣는 것이 아니다. 귀가 아는 것은 그 소리를 인식하는 마음(耳識)이 듣는 것이다. 그렇다고 할지라도 그 이식耳識은 어디서 생기는가를 궁구해 보아야한다. 우리의 동작은 모두 자성을 말미암아 응용되므로 그 자성을 자세하게 궁구해 보아야 한다.

'부처님'이라는 말은 우리나라에서만 사용되는 이상한 방언이다. 이것은 인도의 말도 아니고 중국의 말도 아니며 본래 우리나라의 말도 아니다. 나 용성이 어렸을 때 한 노사老師에게 그 까닭을 물었더니, 그 노사는 다음과 같이 말해주셨다.

"나도 어렸을 때 한문학자에게 그 '부처'라는 의미를 알 수가 없다고 물었는데 그 한문학자가 답했다. '우리나라 상고시대에 중국에 들어간 사신이 고승을 모셔놓은 전각(高僧殿)에 들어가서 왼쪽에 앉아계신 부처님을 묻자, 고승이 보처불補處佛이라 말하였다'는 것이다. 이후로 그 사신이 우리나라에 돌아와서 전파한 것이 와전되어 '부처'라는 명사가 되었다."

이것은 나 용성에게도 오래된 이야기로서 그 사신의 이름도 아주 잊어버렸다. 내 우치한 소견으로 생각해보면 부처님이라는 명칭은 그 어떤 것에도 해당되지 않는다. 불佛을 온전하게 말하면 '불타佛陀'라 하는데 우리말로 하면 크게 깨친다는 말이다.

부처님께서 법을 설하시는 처소는 사위국舍衛國 곧 풍덕성豊德成이고 그 임금은 파사익왕波斯匿王이다. 기수급고독원祇樹給孤獨園의 '기'는 태자의 이름이고, '수'는 태자의 숲이며, '급고독'은 수달타 장자가 환鰥·과寡·고孤·독獨[10]의 사람들을 구제한 까닭에 붙은 이름이다. 태자와 장자의 두 사람이 합쳐서 부처님께서 계시는 기원정사祇園精舍라는 사찰을 건설하였기 때문에 기수급고독원이라 말한다.

---

10 환鰥은 늙은 홀아비, 과寡는 늙은 홀어미, 고孤는 부모가 없는 어린 아이, 독獨은 자식이 없는 늙은이를 말한다.

2.

그때 세존께서 식시食時[11]에 가사를 입고 발우를 가지고
사위나라 큰 성에 들어가서 그 성중에서 차례로 걸식을
마치고 본래의 처소로 돌아와서

---

[11] 하루에 일식一食을 하는 당시 승가의 관례로 보면 공양시간은 사시(9
시-11시)이며, 사시공양을 위해 먼저 걸식해야 한다. 여기에서 식시는
걸식 나가는 시간을 가리키기 때문에 8시 전후이다.

○

정해진 규칙으로 사시에 항상 공양하는 시간이 다가오면 빈부귀천이 없이 아침 공양을 하려고 진시辰時[12] 쯤에 석존이 가사를 걸치고 발우를 지니고 사위대성에 들어가신다. 성 안에서 빈부귀천을 가리지 않고 차례로 일곱 집을 거쳐서 걸식을 마치고 본래의 처소인 기수급고독원의 정사精舍에 돌아오신다.

그런데 다음과 같이 의심하여 묻는다.

"부처님께서는 위엄과 복덕이 높고 높아서 천상세계와 인간세계 가운데 제일이시다. 그와 같은 복덕을 지니고 있으면서 어찌하여 걸식을 한단 말인가?"

나 용성은 답한다.

"출가한 제자들로 하여금 만세에 모범을 보이고자 일부러 걸식을 하신다. 무릇 출가인은 부모의 애정을 여의었으며, 세상의 오욕락[13]을 다 버리고 입산 출가하였는데, 그것은 죽을 각오로써 대도大道를 깨치고자 한 것이다. 그러므로 천하를 위하는 자일지라도 집을 돌아볼 여가가 없는데 하물며 대도를 깨치고자 하여 출가한 사람이겠는가. 비유하면 꽃을 따는 벌과 같아서 꽃은 손해가 없지만, 벌의 생활은 충족되는 것과 같다. 하나의 바릿대[14]에 일천 집의 밥이 담겨 있고, 하나의 몸으로 천하에 노니는 것이다. 푸른 하늘을 날아다니는 학이 사해와 팔방에 걸림이 없는 것처럼 출가 비구比丘도 또한 그와 같음을 드러내고자 세존께서 친히 걸식하신 것이다. 색계천色界天[15]의 사람들도 선열식禪悅食[16]이 충만하여 거칠고 혼탁한 음식을 먹지 않는데, 하물며 생장生臟과 숙장熟臟[17]이 없는 부처님께서 어찌 거칠고 혼탁한 음식을 얻어 잡수시겠는가. 때문에 부처님께서 걸식하는 이유가 한편으로는 출가인에게 생활규칙을 보이고자 한 것이고, 한편으로는 중생으로 하여금 인연복덕을 맺도록 해주기 위함이다."

14 승려의 밥그릇
15 색계천은 삼계 가운데 둘째에 해당하는 세계로서 모두 18세계로 구성되어 있다. 색계천의 경지는 초선부터 사선까지 선禪을 터득하는 단계이다.
16 선열식은 선정의 기쁨으로 몸과 마음을 건전하게 하고 지혜를 얻는 일을 음식에 비유하여 이르는 말이다. 『선문촬요禪門撮要』에 의하면 여래의 바른 법에 의지하여 기쁜 마음으로 받들어 행하는 것을 법희식法喜食이라 하고, 안팎에 밝고 고요하여 몸과 마음이 즐거운 것이 선열식禪悅食이라 한다.
17 생장은 설익은 장기로서 심장·간·지라·허파 등 소화기능의 장기이면서 아직은 완벽하게 소화되기 이전의 음식물을 받아들인다. 숙장은 익은 장기로서 1차 소화가 다 끝난 음식물을 받아들여 완벽하게 소화시킨다.

3.

공양을 마치고 가사와 발우를 거두고 발을 씻고 나서 자리를 펴고 앉으셨다.[18]

18 앞의 "그때 세존께서"부터 "자리를 펴고 앉으셨다"는 대목까지는 서분 가운데 별서別序로서 이 『금강경』에만 해당하는 내용이다. 위의 증신 서와 여기의 별서는 모두 서분에 해당한다.

○

공양을 마치고 장차 금강과 같은 반야의 위대한 선정에
들어가려고 걸치고 있던 이십오조 가사와 바릿대를 거두
고 발을 씻고 자리를 펴고 몸을 단정히 하여 앉으셨다.
의심하여 묻다.

"부처님께서는 금강진신金剛眞信[19]으로서 생장生長[20]이 없
고 숙장熟長[21]도 없어 본래 공양을 하지 않으신데도 그 걸
식을 하신 일이 의심된다. 또 하나는 천상세계와 인간세계
를 찰나간에 왕래하고 매양 길을 가실 때는 연꽃이 발밑
을 떠받치고 그 위에 네 치 정도 떠서 다니시는데 무슨 때
가 묻어서 발을 씻으시는가 의심된다. 또 하나는 부처님
의 마음은 항상 적연부동寂然不動[22]하여 동動과 정靜이 없
는데 무슨 까닭에 새로 선정에 들어가시는가 의심된다."
나 용성은 답변한다.

"그 실상은 그대의 말과 같다. 그러나 부처님께서는 중생
을 제도하기 위하여 세상에 출현하시어 만사에 모두 법
칙을 두고서 온전히 만세의 모범을 보여주고자 하신 것

|

19 금강과 같이 견고하여 무너지거나 소멸되지 않는 육신
20 자라나는 것
21 머물러 있는 것
22 고요히 움직임이 없는 모습

이다. 공양에는 네 가지 차등이 있다. 하나는 덩어리로 뚝뚝 떠서 먹는 조각밥(摶食)인데 우리네 인간계에서 사람들이 공양하는 것이다. 둘은 음식에 손을 대고 그 기운만 먹는 것(歆食·歆饗食·觸食)인데 귀신들이 공양하는 것이다. 셋은 음식을 생각하는 것만으로도 배가 부른 것(思食)인데 색계의 모든 천인들이 공양하는 것이다. 넷은 음식을 인식하기만 하면 그것이 먹는 것(識食)이 되는데 이것은 부처님께서 공양하는 것이다. 영겁에 먹고 안 먹는 것이 없는 금강마하반야金剛摩訶般若이고 무위진심無爲眞心이며 청정불타淸淨佛陀이신 분께서 무슨 걸식을 하겠냐마는 이것은 출가승려에게만 한정된 규범이다. 부처님께서는 전신이 청정하여 마치 유리에 보배달이 와서 비추는 것과 같은데 무슨 더러운 때가 부처님의 발을 더럽히겠느냐마는 후대에 참선하는 사람들에게 몸을 닦는 행동을 보여주시는 것이다.

부처님의 금강과 같이 곧고 빛나는 위대한 깨달음은 출입이 없는데 어찌 부처님께서 선정에 들어가고 나오는 것이 있겠는가. 『보적경』에서는 "내가 불상과 사리탑을 세간 만세에 머물러두는 것은 만세천하 민족으로 하여금 인연을 맺어서 장차 제도하고자 함이지 출가한 비구와 최상승법을 닦아가는 사람을 위함이 아니다"고 말씀하셨다. 이로써 보자면 만세의 인민으로 하여금 예배하는 사람이든지 혹 공양하는 사람이든지 혹 찬탄하는 사람이든지 만세에 인연을 지어 그로부터 해탈을 얻게 하고 필경에 부처님을 친견하여 깨달음을 성취하고 해탈에 들어가도록 한 것이다.

그리고 항상 불심이 충만하여 지혜의 달빛이 대광명을 비추는 그러한 사람에게 사리탑과 불상이 무슨 상관있겠는가. 인연이 없는 중생은 제도하기 어렵기 때문에 인연을 맺어 장래에 제도하려는 까닭에 사리탑과 불상을 건설하였던 것이다. 세간법이거나 출세간법이거나 모두 인연이 없이 되는 법은 하나도 없다. 빈부귀천을 가리지 않고 차례로 걸식을 하는 것은 부처님께서 중생과 평등하게 인연을 맺어 제도하려는 것이고, 일곱 집을 넘지 않는 것은 모든 비구들로 하여금 만족을 알도록 하기 위함이다."

2. 수보리가 일어나 법을 청하는 분(善現起請分)

1.

그때 장로[1] 수보리[2]가 대중 가운데 있다가 자리에서 일어
나 오른쪽 어깨를 드러내고 오른쪽 무릎을 땅에 대고 합
장하고 공경하는 자세로 부처님께 사뢰어 말씀하셨다.

"희유하십니다. 세존이시여. 여래께서는 모든 보살을 잘
호념하여 생각하시며, 모든 보살을 잘 부촉하십니다."[3]

---

1   장로는 위대한 승려를 존칭하는 용어이다. 재가인의 경우에는 장로의
    의미가 덕이 높고 학식이 많으며 재물이 풍부한 사람을 일컫는 용어
    로 사용된다.
2   수보리는 선현善現·선길善吉·길상吉祥·공생空生·선실善實 등으로 번역
    되어 불린다.
3   본 대목부터 이하는 일반적인 경전의 삼단 분류 가운데 정종분正宗分
    에 해당한다.

○

그때 덕이 높고 연령이 높은 장로 수보리가 대중 가운데 있다가 먼저 다섯 가지 점잖은 위의를 보였다. 곧 자리에서 일어나고, 오른쪽 어깨를 드러내고, 오른쪽 무릎을 땅에 대고 합장하여 공경하는 자세로 부처님께 다음과 같이 사뢰어 여쭙는 것이다.

"금륜왕[4]의 지위를 내버리시니 참으로 희유하십니다. 몸의 크기가 10장 6척[5]이고, 전신의 몸빛이 자금색이고, 그 신체에 나타난 32가지의 기이한 특징과 80가지의 훌륭한 신체적인 특징은 천상과 천하에 다시는 볼 수가 없는 까닭에 참으로 희유한 것입니다. 팔만사천 가지 끝없

4   철륜왕·동륜왕·은륜왕·금륜왕 등으로 분류하는 전륜성왕 가운데 하나이다.

5   4미터 80센티미터

6   팔만사천 가지 법문은 팔만사천 가지 번뇌를 제거하는 낱낱의 가르침을 지칭한 말이다. 중생의 경우에 몸으로 인하여 일어나는 2만 천 가지 번뇌, 감각으로 인하여 일어나는 2만 천 가지 번뇌, 마음을 인하여 일어나는 2만 천 가지 번뇌, 진리에 미혹하여 일어나는 2만 천 가지 번뇌를 총칭한 말이다.

7   법신과 보신과 화신은 부처님의 모습을 세 가지 몸으로 표현한 말이다. 법신은 깨달음 자체를 의미하고, 보신은 수행의 과보로 부여받은 훌륭한 몸을 의미하며, 화신은 일체중생 앞에 나타나는 부처님의 몸을 의미한다. 결국 법신과 보신과 화신은 동일한 부처님에 대하여 본체(體)와 모습(相)과 작용(用)의 측면을 가리킨다.

는 법문[6]을 가졌고, 법신과 보신과 화신[7]을 뚜렷하게 갖춘 까닭에 참으로 희유한 것입니다. 세존이시여. 여래께서는 모든 보살을 잘 호념하시고 모든 보살을 잘 부촉하십니다."

또 한 가지 뜻

부처님께서 모든 제자들에게 20여 년 동안 설법하셨는데 부처님의 마음을 알아차리는 사람이 없었다. 오늘 처음으로 수보리가 부처님의 마음을 누설한 것이니, 수보리가 없었더라면 부처님의 마음을 알아차리는 사람이 없었을 뻔하지 않았는가? 부처님께서 반야바라밀법般若波羅蜜法으로 모든 보살을 잘 호념하시고 모든 보살을 잘 부촉하신 까닭이다. 반야는 지혜이다. 곧 밝은 지혜로써 잘 관찰하여 안팎이 항상 밝아서 삿된 것이라곤 작은 터럭만한 것도 없고, 자성여래를 잘 호념하여 영겁에 생사의 관념을 타파하고, 가장 위대한 깨달음의 진정한 즐거움을 터득하고, 그것을 수용하기 위하여 여래가 모든 보살을 호념하고 항상 청정케 할 것을 부촉하신 것이다.

뜻을 거슬러 보여주다

"희유하다"는 말씀에 두 가지 뜻이 있다. 하나는 석가모니부처님께서 교화에 나서서 모든 어두운 마음을 밝혀주신 것이 희유하다는 것이다. 또 하나는 사람 사람이 본래 다 구족하여 청천백일靑天白日과 같이 밝지만, 부처님께서 가만히 그것을 누설하시니 마치 평지에 풍파를 일으키라고 한 것과 같으니 그것이야말로 수치를 모르는 부처님이시기에 참으로 희유하다는 것이다.

이것은 모든 사람의 본분을 곧바로 가리킨 것으로서 사람에게 말로 표현할 수도 없고 비추어줄 수도 없고 단절할 수도 없고 받아들일 수도 없는 그 모양을 말씀하신 것인데 그 모양도 어떻게 표현할 수조차 없는 것이다. 세존께서 가부좌를 하시고 단정하게 앉아 계셨을 때에 최초의 한마디[8]를 누설하였는데 수보리가 아니면 그 누가 부처님의 의도를 알아차렸을 것인가. 참으로 수보리도 희유하다.

---

8 깨달음의 말씀을 가리킨다.

2.

"세존이시여. 아뇩다라삼먁삼보리심[9]을 일으킨 선남자 선여인[10]은 마땅히 어떻게 안주하고 어떻게 그 마음을 항복받아야 합니까."

[9] 아뇩다라삼먁삼보리는 '가장 높고 바르며 참된 깨달음'또는 '가장 높고 바르며 평등한 최고의 깨달음'이라고 번역되는 용어로서 부처님의 깨달음을 지칭한다.

[10] 선남자 선여인은 불법을 성취하려고 마음을 먹은 사람으로서 곧 보살을 지칭한다.

○

질문한다. 수보리는 여래의 법신이야말로 청정하여 불생
불멸하고 집착이 없는 지혜와 분별이 없는 지혜가 뚜렷
이 밝아 진정한 정각심이란 것을 알고서 물었다.

"금은 본래 금일지라도 풀무에 넣어서 백 번이나 단련해
야 비로소 진정한 금이 됩니다. 세존이시여. 선남자 선여
인으로서 아뇩다라삼먁삼보리심을 일으킨 자는 마땅히
어떻게 그 마음을 안주하고 어떻게 그 마음을 다스려야
합니까."

답변한다.

"수보리가 소승의 깨달음을 얻었던 시대에는 자기 몸만
제도할 생각으로 천하에 덕을 펼쳐서 널리 중생을 제도
할 생각이 없었다. 그런데 부처님께서 20년을 고구정녕
하게 여러 가지 방법으로 참됨과 거짓을 가려주고, 또
널리 중생을 제도하고 천하에 덕을 펼칠 마음을 일으키
니, 수보리가 오늘에야 비로소 보살심을 일으켜서 위로
는 부처님의 지혜를 추구하고 아래로는 중생을 제도할
마음을 불현듯 일으키고는 소승과 대승의 두 길을 살펴
보았다.

소승의 경우는 한편에 치우쳐서 아공我空[11]만 깨달아 그 마음을 안주하였다. 그런데 오늘 부처님께서 제자들이 아공에 집착함을 배척하시니 그에 대한 집착은 버렸지만, 법공法空[12]의 지혜는 아직 확실하게 증득하지 못하였다. 그런 까닭에 모든 대중들이 그 마음에 대승의 법공을 확정하지 못함을 보고 수보리가 그 마음을 안주하는 방법과 다스리는 방법을 물은 것이다. 또 하나는 중생의 마음이 어지러워 안주하지 못함이 마치 햇살이 비치는 빈틈에 티끌이 휘날리는 것과 같고, 나붓거리는 마음이 마치 바람과 같음을 보고 그 마음을 다스리는 방법을 물었다."[13]

---

11 중생의 신체나 정신은 인연의 법에 의해 화합된 것으로서 따로 영구적
    인 '나'라는 실체가 없다는 뜻
12 우주만유의 모든 법은 인연이 모여서 생겨난 가짜 존재이며 실체가
    없다는 대승의 주장
13 이 답변 부분은 용성 스님이 수보리에게 중생제도의 근본적인 연유에
    대하여 설명한 것이다.

3.

부처님께서 말씀하셨다.

"착하고 착하다! 수보리여, 그대가 말한 것처럼 여래는 모든 보살을 잘 호념하고 생각하시며 모든 보살을 잘 부촉하신다. 그대는 이제 자세히 듣거라. 마땅히 그대를 위하여 말해주겠다. 아뇩다라삼먁삼보리심을 일으킨 선남자 선여인은 마땅히 다음과 같이 안주하고 이와 같이 머물며 이와 같이 그 마음을 항복받느니라."

○

부처님께서 가부좌를 맺고 앉아계신 모습을 보고 수보리가 본래면목을 불현듯 깨닫기도 하고 빼앗기도 하고 죽이기도 하고 살리기도 하는 말로 "희유하십니다. 세존이시여"라고 말씀드렸다. 이 말은 겉으로 보면 부처님을 경대하여 찬탄한 듯이 보이지만, 실상은 웃음 속에 칼이 있고 반죽된 흙 속에 가시가 있다는 것과 같다. 수보리가 깨닫지 못했다면 어찌 부정의 방편과 긍정의 방편으로 번뇌를 없애고, 지혜의 방편으로 구족된 말을 할 수가 있었겠는가.

수보리가 부처님과 더불어 깨닫고도 추호도 자족한 마음을 담아두지 않고서 다시 여쭌 것은 마치 『화엄경』에서 선재동자가 53명의 선지식을 친견할 때에 낱낱의 선지식에게 질문한 경우와 같다. 곧 선재동자 자신이 먼저 아뇩다라삼먁삼보리심을 일으켜서 어떻게 보살도를 배우고 어떻게 보살행을 배워야 하는가를 물은 것이다. 이처럼 수보리도 선남자 선여인으로서 아뇩다라삼먁삼보리심을 일으킨 자는 어떻게 마음을 안주하고 어떻게 마음을 다스려야 하는가를 물었다. 이 말은 당시의 대중과 미래의 대중만을 위한 것이 아니라, 나아가서 신훈新熏[14]과 본말本末까지 빠뜨리지 않고 모두 안다는 것이다. 그러므로 부처님께서 그 질문에 답변하기를 허락하고 또 칭찬하여 다음과 같이 말씀하셨다.

"그래, 그렇다. 그대는 내 마음을 잘 터득하였고 잘 이해하였다. 여래가 어떤 법으로써 호념하고 부촉하는지 알겠느냐. 여래는 가장 청정한 반야바라밀이다. 이와 같은 여래의 마음을 그대가 이미 알고 있듯이 그대의 말처럼 여래는 모든 보살을 잘 호념하고 잘 부촉한다. 그대는 이제 자세히 듣거라. 마땅히 그대를 위하여 설해주겠다. 선남자 선여인은 그대로 가장 높고 청정한 자성에 바른 견해와 일체지혜를 구족한 청정반야바라밀 곧 아뇩다라삼먁삼보리심이다. 그러므로 이와 같은 마음을 일으킨 사람은 다음과 같이 안주하고, 다음과 같이 가장 높고 청정한 반야바라밀법으로써 그 마음을 다스려야 한다."

---

14 후천적으로 새롭게 성취해 나아가는 모습

4.

"예, 그리하겠습니다. 세존이시여, 원컨대 즐겁게 듣고자
합니다."[15]

---

[15] "예, 그리하겠습니다. 세존이시여, 원컨대 기꺼이 듣고자 합니다"는 대
목에 대하여 다음과 같이 두 가지 해석이 가능하다. 첫째는 "예, 그리
하겠습니다. 세존이시여." 둘째는 "예, 그리하겠습니다. 세존이시여, 기
꺼이 듣고자 합니다." 현재 조계종표준 『금강경』에서는 전자의 해석방
식을 따르고 있다.

○

네, 옳습니다. 저희들이 목이 마를 경우에 시원한 물을 생각하듯이 그리고 배가 고플 때에 밥을 생각하듯이 그리고 중병에 걸렸을 때에 좋은 약을 생각하듯이 그 감로甘露와 같은 법을 즐겁게 듣기를 원하옵니다.

3. 큰 법 바른 종 분(大乘正宗分)

1.

부처님께서 수보리에게 말씀하셨다.

"모든 보살마하살은 이와 같이 그 마음을 항복받느니라."

○

부처님께서 수보리에게 "모든 보살마하살이 다음과 같이 그 마음을 다스려야 한다"고 말씀하셨다. 이것은 별다른 뜻이 없고 부처님께서 안심하는 방법을 가르친 것이다. 위에서 그 마음을 안주하고 다스리는 두 가지 방법을 묻자, 부처님께서는 소승들의 경우 항상 그 아상이 텅 빈 곳에 집착하는 까닭에 그 습기를 버리게 하려고 무릇 그 마음을 다스리는 방법을 말씀하셨다. 이처럼 망상심만 그친다면 보리성품이 청정하여 저절로 안락하게 된다는 것이다.

무엇을 보살이라 말하는 것인가. 비유하면 연꽃은 더러운 곳에 있어도 항상 청정한 것과 마찬가지로 세간의 번뇌더미 속에 있더라도 그 불법을 깨달으려는 마음이 항상 가득한 까닭에 큰보살이라 말한 것이다. 널리 중생을 제도하고 세계에 널리 덕을 베풂에 있어 허공이 다할지라도 중생을 제도하는 마음은 끝이 없는 까닭에 보살이라 말한다.

그 마음을 다스리는 방법은 여시如是라는 두 글자에 달려 있으니, 그 뜻을 통달하여 이치(理)와 현상(事)이 같고 현상과 이치가 같아서 안으로 집착이 없고 밖으로 물듦이 없다. 또 중간에도 마음을 집착하지 않으면 자연히 진여眞如의 자성에 부합하는 까닭에 여如라고 말하고 일념도 어기지 않는 까닭에 시是라고 말하는데 이 두 글자를 합하여 여시如是라 말한다.

2.

"있는 바 일체중생의 무리에 만약 알로 낳은 것이든지, 만약 태로 낳은 것이든지, 만약 습기로 낳은 것이든지, 만약 화합으로 낳은 것이든지, 만일 빛이 있는 것이든지, 만일 빛이 없는 것이든지, 만일 생각이 있는 것이든지, 만일 생각이 없는 것이든지, 만일 생각이 있는 것도 아닌 것과 생각이 없는 것도 아닌 것을 내가 다 남김없이 열반에 들어가게 하여 멸도시켰되"(멸도라는 말은 중생의 색상을 멸하고 모든 불조佛祖의 청정한 깨달음의 자성이라는 언덕에 건너가는 것이다.)

○

내가 모든 중생으로 하여금 하나도 남김없이 열반에 들어가도록 하여 멸도시켰다고 말씀하셨다. 중생이 비록 많다고 할지라도 열두 종류를 벗어나지 않는다. 열두 가지를 낱낱이 자세하게 궁구하여보자면 태·난·습·화의 사생四生을 벗어나지 않고, 태·난·습·화의 네 가지를 넉넉하게 궁구하여 보자면 색과 마음의 두 가지를 벗어나지 않고, 색을 가지고 말하자면 색과 무색의 두 가지를 벗어나지 않고, 마음을 가지고 말하자면 생각이 있고 생각이 없는 두 가지를 벗어나지 않는다. 설령 극정極定에 이르는 것을 가지고 말하자면 생각이 있는 것도 아니고 생각이 없는 것도 아니다. 그러나 이것도 또한 열두 가지 유생有生을 벗어나지 않는다. 남김이 없다는 것은 모든 습기와 번뇌가 없다는 말씀이고, 열반이란 것은 뚜렷이 밝고 고요히 비추어 원만청정하다는 말씀이다. 일체중생으로 하여금 더불어 생사의 대해를 건너서 청정한 무여의열반無餘依涅槃[1]에 들어가는 까닭에 아상과 인상과 중

|

---

1 열반을 그 속성에 따라서 본래자성청정열반本來自性淸淨涅槃, 유여의열반有餘依涅槃, 무여의열반無餘依涅槃, 무주처열반無住處涅槃 등 4종으로 분류한다. 본래자성청정열반은 만유와 모든 법의 진실한 성품인 진여이다. 유여의열반은 번뇌장煩惱障을 벗어났을 때 드러나는 진여이다.

생상과 수자상이 소멸하고 법상法相도 소멸하여 천상세계과 인간세계에 자유와 쾌락을 얻어서 중생계를 멸도시킨다는 것이다.

무여의열반은 유여의열반에서 나아가 오온五蘊이 화합한 몸까지 소멸하여 완전히 몸과 마음이 없어진 곳에 나타나는 열반이다. 무주처열반은 번뇌장뿐만 아니라 소지장所知障을 벗어났을 때 얻는 열반이다.

2.

"이와 같이 한량이 없고 수가 없고 가없는 중생을 멸하여 제도케 하되, 실로 중생이 멸도를 얻은 자가 없다."

○

이와 같이 한량이 없고 수가 없고 가없는 중생을 멸도하
여 하나의 원융하고 청정한 반야바라밀을 얻어서 대해탈
문에 들어가도록 한다. 대해탈문이란 번뇌와 모든 습기
와 모든 업장이 소멸되는 것을 말한다. 그러나 중생이 본
래 없는 까닭에 제도할 것이 없고 부처도 본래 없는 까닭
에 부처도 성취할 것이 없다. 그러므로 중생을 제도하되
진실로 멸도를 얻은 중생이 없다고 말씀하신 것이다. 이
런 까닭에 범부의 망정이 모두 소멸하여 공일지언정 특
별히 성현이라 할 것조차 없다고 말씀하신 것이다.

3.

"왜냐하면 수보리여, 만약 보살에게 아상·인상·중생상·수자상[2]이 있으면 곧 보살이 아니기 때문이다."

---

2   아상我相·인상人相·중생상衆生相·수자상壽者相은 인人의 사상四相이고,
     이하에 등장하는 유상有相·무상無相·법상法相·비법상非法相은 법法의
     사상四相이다. 그러나 경문에는 유상有相과 무상無相은 생략된 모습이
     다.『금강경』에는 인人의 사상四相이 공이고 법法의 사상四相이 공이라
     는 팔상八相의 구공俱空인 대승교리가 드러나 있다.

○

어째서 그런가. 본디 아我가 없음을 깨달았기 때문이다. 만약 아我가 있다면 사람(人)이라고 간주할 것이 있고 아我가 인人이라고 간주한다. 즉 중생이라고 간주하는 생각(衆生相)이 있고, 수자라고 간주하는 상(壽者相)이 있다. 이처럼 사상四相이 있은 즉 진정한 보살이 아니므로 어찌 중생을 제도할 수 있겠는가. 아我가 없음을 깨달은 즉 인人이 없고, 아와 인이 없은 즉 중생의 경계가 자연히 적멸하여 성불하기가 멀지 않을 것인데 무엇을 근심하겠는가.

범부에게 사상四相은 무엇인가. 자신에게 재물이든지 학문이든지 있으면 일체사람들을 업신여기는 데 이것이 아상我相이 되는 것이다. 자신이 인·의·예·지·신을 실천하면 나 혼자만 인人인 척하는 데 이것이 인상人相이 되는 것이다. 좋은 것은 자기에게 돌리고 나쁜 것은 남에게 베푸는 것은 이것이 중생상衆生相이 되는 것이다. 모든 경계를 마주하여 취사심이 있으면 이것이 수자상壽者相이 되는 것이다.

공부하는 사람에게 사상四相은 무엇인가. 아소심我所心이 있는 것이 아상我相이다. 계행을 지닌다는 상이 있어서 파계한 사람을 업신여기는 것이 인상人相이다. 삼악도를 싫어하여 천상에 태어나기를 좋아하는 것이 중생상衆生相이다. 오래 살기를 좋아하는 목적으로 복을 부지런히 닦는 것이 수자상壽者相이다. 이 사상이 없어야 비로소 부처님이다.

4. 묘행이 주함이 없는 분(妙行無住分)

1.

"또한 수보리여, 보살이 저 법에 마땅히 머문 바 없이 보시를 행해야 한다. 이른바 색에 집착이 없이 보시하며, 소리와 향기와 맛과 부딪쳐 느끼는 것과 법에 집착이 없이 보시해야 한다. 수보리여, 마땅히 보살은 이와 같이 보시하되 상에 머물지 아니한다."

○

수보리가 마음속으로 다음과 같이 의심하였다.

'보살이 중생을 제도하는 것은 모든 도덕에 진리 또는 재물로 빈궁한 사람에게 베풀어주는 것이 근본이다. 그런데 오늘 세존께서는 중생이 텅 비어 없다고 말씀하신다. 그렇다면 보시할 자는 누구이고 보시를 받을 자는 누구인가.'

이에 부처님께서 수보리의 생각을 알아차리고 그 질문에 대한 결론으로 대답하셨다.

"수보리여, 보살은 제법에 마음을 집착하여 보시하지 않는다. 눈으로 보는 것에 마음을 집착하여 보시하지 않고, 귀로 듣는 소리와 코로 냄새를 맡는 향내와 입으로 맛보는 맛과 몸에 부딪쳐 느끼는 것과 뜻으로 모든 것을 분별하는 법에 마음을 집착하여 보시하지 않는다."

범부는 비록 보시를 하더라도 오욕의 쾌락을 받기 위한 것인데, 그 복을 모두 받으면 다시 삼악도에 떨어지는 까닭에 세존께서 대자비로 위없는 보시를 가르쳐 주신다. 그 보시는 위없는 청정한 지혜와 더불어 합치된 것으로서 중생이 공이라는 말씀은 무명업식無明業識[59]이 공이라는 것이고, 탐욕을 부리고 성을 내는 것이 공이라는 말씀이고, 눈과 코와 귀와 입과 몸과 뜻이 공이라는 말씀이며, 색과 소리와 향기와 맛과 몸에 부딪치는 것과 뜻으로 분별하는 법이 공이라는 것이고, 불법과 세간법이 모두 공이라는 말씀이다. 그렇지만 무정한 목석木石과 아무것도 없는 허공과 같다는 것이 아니라, 모든 법이 다 공인 경지에서는 자성이 싱그러워 그 밝고 밝은 것을 비교할 것이 없다. 비유하면 대단히 밝고 큰 거울 속에 청靑·황黃·적赤·백白·방方·원圓·장長·단短이 모두 나타나더라도 거울은 무심히 비추는 것과 같다. 이처럼 보살은 보시를 하지만 항상 무심하여 상에 집착하지 않는다. 중생은 공이라는 말씀을 목석과 다름없는 줄로 아는데 그것은 참으로 애달픈 일이다. 이에 수보리가 후래의 중생을 위하여 이와 같은 의심을 일으킨 것이다.

---

59 중생의 근본적인 번뇌인 무명으로 형성된 개별적인 성품

2.

"어떠한 연고인가. 만약 보살이 집착이 없이 보시하면 그 복은 가히 헤아릴 수 없기 때문이다."

○

수보리가 마음속으로 가만히 의심하였다.

'부처님께서 상에 집착하여 보시하지 말라고 하셨는데 상이 없으면 무슨 복덕이 있겠는가.'

이에 부처님께서는 벌써 수보리의 마음을 알아차리고 말씀하셨다.

"어찌하여 그러한가. 만약 보살이 상에 집착하지 않고 보시하면 그 복덕은 가히 사량할 수가 없기 때문이다."

3.

"수보리여, 어떻게 생각하느냐. 동방東方의 허공을 생각하
여 헤아리겠느냐, 헤아리지 못하겠느냐."

"헤아리지 못합니다. 세존이시여."

"수보리여, 남방·서방·북방·사유·상하의 허공을 가히
생각하여 헤아리겠느냐. 헤아리지 못하겠느냐."

"헤아리지 못합니다. 세존이시여."

"수보리여, 보살이 상에 집착이 없이 보시하는 복덕도 또
한 그와 같이 생각하여 헤아리지 못하느니라."

○

부처님께서 수보리가 마음속으로 '상이 없으면 무슨 복덕을 받는단 말인가' 하는 의심을 알아차리고 다음과 같이 대답하셨다.

"상이 없는 보시가 제일 크다. 왜냐하면 이 본원적인 불성佛性은 광대하기로는 천지와 허공과 만류를 집어삼키고, 그 밝기로는 일월의 광명으로도 비유할 수가 없고, 그 시작과 끝과 발생과 소멸이 공이라서 청정하여 번뇌가 없는 지혜(淸淨無漏生智)이다. 이에 도인이 하는 모든 행위가 다 이 자성에 계합되어 보시하는 까닭에 주는 자와 받는 자가 모두 공이고, 보시하는 가운데도 지계와 인욕과 정진과 선정과 지혜 등 일체의 백천만행이 다 구족되어 그 광대하기가 허공과 같다. 때문에 그 보시하는 복덕이야말로 시방허공의 끝(邊際)과 상하上下를 가히 헤아릴 수가 없는 것과 같다."

4.

"수보리여, 보살은 무릇 부처님이 가르쳐주신 바와 같이
머물 것이다."

○

세존께서 마음을 항복받는 법을 가르쳐주셨는데 그것은 아我가 없다는 것을 관찰하는 것이다. 아我가 없은 즉 인人이 없고, 아我와 인人의 둘을 모두 잊은 즉 마음이 자연히 적멸하고, 자연히 안락하고, 자연히 텅 비어서 취하고 버리는 분별심이 사라지게 되는데, 이와 같이 머물러야 한다는 것이다.

5. 이치와 같이 실다히 보는 분(如理實見分)

1.

"수보리여, 어떻게 생각하느냐. 가히 몸의 형상으로 여래를 보겠느냐. 못보겠느냐."

"못보겠습니다. 세존이시여. 가히 몸의 형상으로는 여래를 볼 수가 없습니다. 왜냐하면 여래께서 말씀하신 몸 형상은 곧 몸 형상이 아니기 때문입니다."

○

수보리가 마음속으로 다음과 같이 의심하였다.

'이전에는 부처님의 말씀이 한편으로는 보시하고 복덕을 쌓는 것으로써 중생을 교화하고, 또 한편으로는 불과佛果를 부지런히 추구하라고 하셨다. 그런데 지금은 돌연히 중생의 상이 공이라서 주는 자와 받는 자가 모두 공이라고 말씀하신다. 만약 상이 없으면 삼십이상과 팔십종호[1]의 자금진신紫金眞身을 어떻게 얻은 것인가.'

이에 부처님께서 수보리에게 말씀하셨다.

"삼십이상의 몸과 팔십종호의 자금진신 및 광명체상光明體相[2]을 볼 수가 있겠느냐."

수보리는 영리하였기 때문에 벌써 알아듣고 말씀드렸다.

"여래의 형상(身相)을 통해서는 여래의 진실한 모습(眞相)을 볼 수가 없습니다. 왜냐하면 여래께서 말씀하신 형상은 곧 진실한 모습이 아니기 때문입니다."

|

1   삼십이상三十二相과 팔십종호八十種好는 여래의 신체에 나타나는 있는 특징을 가리킨다. 그러나 여기에서는 이와 같은 모습은 형상에 불과하므로 집착할 것이 못된다고 설명한다.

2   부처님의 몸이 광명으로 빛나는 모습으로써 여래如來는 부처님의 진신을 가리킨다.

2.

부처님께서 수보리에게 말씀하셨다.

"무릇 모든 상相은 다 허망하다. 만일 모든 상이 상 아님을 본다면 곧 여래를 볼 것이다."

○

수보리가 보신불과 화신불에 집착하여 불과佛果를 구하고 진정한 법신의 본연성품을 깨닫지 못한 까닭에 부처님께서 "신상身相으로 여래를 볼 수가 있겠느냐"라고 물으시고, 게송으로 또 말씀하셨다.

"무릇 상이 있는 것은 모두 허망하다."

그러나 상을 모두 부정하고 여래를 보려고 한다면 어찌 소승이나 외도[3]와 다르겠는가. 여래는 일체의 모든 법상 곧 형상을 벗어나서 따로 있는 것이 아니다. 곧 일체의 제법 그 당체가 그대로 공의 여래이고 또 제법은 항상 공이라서 발생하지 않고 항상 머물러 소멸하지 않는다. 때문에 모든 상이 상 아님을 본다면 곧 진정한 여래를 볼 것이다.

모든 형상이 다 허망하다고 하시니, 밖으로는 하늘의 삼라 및 땅의 만상 내지 허공까지도 모두 그와 같은 상이므로 그것이 허망하다는 것이고, 안으로는 지·수·화·풍의 사대로 이루어진 육신(四大肉身)이 모두 허망하다는 말

---

3   소승은 부처님의 가르침에서 이타利他를 염두에 두지 않고 자리自利의 추구에 힘쓰는 경우를 낮추어 부르는 말이다. 외도는 불법을 믿지 않고 따르지 않는 가르침을 말한다.

씀이다. 곧 눈으로 보는 알음알이와 귀와 코와 입과 몸과 뜻으로 있는 알음알이가 다 허망하다는 것이다. 밖의 육근에는 감각으로 작용하는 알음알이가 있으며, 이러한 알음알이로 분별하여 가지가지의 현상을 받아들인다. 안으로는 팔식으로 분별하는 견해가 있다. 그 사이에는 육근의 감각이 작용하여 받아들인 갖가지 알음알이를 전달해주는 제칠식의 분별견이 있는데 그 또한 허망하다. 그리고 이 몸이 크고 커서 허공과 같은 팔식의 알음알이가 곧 허망한 것이다. 이 모든 상이 다 허망한 것이므로 아상이 공이고, 법상이 공이며, 아상과 법상이 함께 공하고, 함께 공한 것도 또한 공한 것이 곧 진정한 여래라는 말씀이다. 이것은 소승의 법상에 집착함을 배척하고 대승의 초입문으로 인도하는 법이다. 그러나 백척간두百尺竿頭에 앉아 있는 사람은 참이 되지 못하는 까닭에 법안문익[5] 선사가 말했다.

"만약 모든 상을 상 아님으로 보면 여래를 보지 못한다."[6]

---

4   사물과 마음을 인식하는 8가지로서 안식·이식·비식·설식·신식·의식·말나식·아뢰야식
5   법안문익(法眼文益, 885-958)은 중국 당말 오대의 선사로서 선종오가 가운데 법안종法眼宗의 개조이다.
6   『굉지광록』 권3, 대정장48, p.28하 "擧經云 若見諸相非相 即見如來 法眼云 若見諸相非相 即不見如來"

6. 정신하는 것이 희유한 분(淨信希有分)

1.

수보리가 부처님께 사뢰어 말씀드렸다.

"세존이시여. 자못 중생들이 이와 같은 말씀과 글장과 글귀를 듣고 진실한 믿음을 내겠습니까, 못 내겠습니까."

부처님께서 수보리에게 말씀하셨다.

"그런 말 하지 말라. 여래가 입멸한 이후 후오백세[1]에도 계를 지니고 복덕을 닦는 자는 이 글장과 글귀에 믿음을 내고 진실한 말씀으로 삼을 것이다. 마땅히 알라. 이 사람은 일불이나 이불이나 삼·사·오불께 선근을 심었을 뿐만 아니라 이미 한량없는 천만 부처님 처소에서 모든 선근을 심었으므로 이 글장과 글귀를 듣고 잠깐이라도 청정한 믿음을 낼 것이다."

---

[1] 오오백세五五百歲는 부처님께서 입멸하신 이후 불법의 미래를 각각 500년씩 다섯 단계로 나눈 것이다. 제일오백세는 해탈견고解脫堅固 시대이고, 제이오백세는 선정견고禪定堅固 시대이며, 제삼오백세는 다문견고多聞堅固 시대이고, 제사오백세는 탑사견고塔寺堅固 시대이며, 제오오백세는 투쟁견고鬪諍堅固 시대이다. 후오백세는 이 가운데 마지막의 제오오백세를 가리킨다.

○

수보리가 다음과 같이 의심이 가득하였다.

'만약 모든 형상이 없는 것으로써 모든 형상이 없는 결과에 계합된다면 그 뜻이 대단히 깊어서 정말로 믿기가 어렵고 알기가 어려울 것이다. 그런데 말세중생이 어떻게 그 도를 믿을 수 있겠는가.'

이에 수보리가 부처님께 말씀드렸다.

"세존이시여, 이와 같이 모든 형상을 지니고 있는 것은 다 허망하다는 사구게四句偈[2]를 듣고서 중생으로서 실답게 깊이 믿는 마음을 낼 수가 있습니까."

의심을 단절해 줌

부처님께서 수보리에게 말씀하셨다.

"그런 말을 하지 말라. 내가 세상을 떠난 이후 제일의 오백세 시대에는 해탈의 자유를 얻어 도성득입道成得入하는 자가 무수히 많고, 제이의 오백세 시대에는 선정의 수

---

2 사구게四句偈에 대한 개념으로 첫째는 사구四句의 정형화된 형식으로 설해진 부처님의 설법을 의미하고, 둘째는 일정한 의미를 담고 있는 구절을 의미하며, 셋째는 경전의 전체를 의미하는 등 세 가지 뜻이 있다.

행에 힘쓰는 사람이 많아서 도를 깨치는 자가 무수히 많고, 제삼의 오백세 시대에는 팔만대장경을 널리 배우고 많이 듣기에 힘쓰는 사람이 많고, 제사의 오백세 시대에는 사찰을 짓고 탑을 쌓기에만 힘쓰는 사람이 많고, 제오의 오백세 시대에는 출가한 승려들이 서로 투쟁만 하여 시비를 다투는 것으로써 업을 삼는다. 이 마지막 제오의 오백세 후 곧 후오백세 시대일지라도 만약 계를 잘 지키고 복덕을 닦는 자가 있다면 그는 이 경전의 가르침에 대하여 깊이 믿는 마음을 일으켜서 진실을 삼을 것임을 마땅히 알아야 한다. 이 법을 믿는 자는 한 부처님, 두 부처님, 셋·넷·다섯 부처님에게만 선근을 심은 것이 아니라, 이미 무량한 천·만의 부처님 처소에서 선근을 심었기 때문에 이에 찰나만이라도 청정한 믿음을 일으킬 수가 있다.”

2.

"수보리여, 여래는 다 알며 다 보나니, 이 모든 중생이 이와 같은 한량이 없는 복덕을 얻으리라."

○

청정한 마하반야바라밀의 성품을 깨쳐서 깊은 신심을 일
으킨 사람은 여래께서 그를 다 알고 다 본다. 그래서 그
모든 중생에게 한량이 없는 복덕을 얻게 해 주신다.

3.

"어떠한 연고인가? 이 모든 중생들이 다시 아상과 인상
과 중생상과 수자상이 없으며, 법상이 없고 법 아닌 상도
없기 때문이다."

○

묻는다.

"어떻게 여래께서는 다 알고 다 보시는 것입니까."

답한다.

"만약 어떤 사람이 여래가 열반한 후에 반야바라밀심을 일으키고 반야바라밀행을 행하며 부처님의 깊은 뜻을 얻으면 모든 여래는 그것을 다 안다. 육근으로 받는 모든 것과 생각하는 것과 생각 생각이 옮아가는 것과 항상 분별하는 알음알이와 이 네 가지가 본래 없음을 깨달아서 그 본원성품에 계합하여 다시는 나라는 상이 없고 안팎의 몸이 견실하지 못하여 필경에는 흩어져서 지·수·화·풍으로 모두 돌아가는 줄을 깨닫는다. 이런 까닭에 다시는 사람이라는 상이 없고 생멸심이 없는 까닭에 중생이라는 상이 없으며 내 몸이 본래 없는 까닭에 수자라는 상이 없다. 그 금강과 같이 견고한 참된 마음에 대하여 마하반야바라밀을 깨친 까닭에 생사관生死觀을 타파하고 무량한 복덕을 수용한다. 법상이 없다는 말씀은 자성에 모든 명상名相이 없다는 것이고, 또한 비법상이 없다는 말씀은 청정한 대지혜광명이 없다는 말씀이다."

4.

"어떠한 연고인가? 이 모든 중생들이 만일 마음으로 상을 취하면 곧 나라는 것과 사람이라는 것과 중생이라는 것과 수자라는 것에 집착하는 것이고, 만일 법이라는 모양을 취해도 나라는 것과 사람이라는 것과 중생衆生이라는 것과 수자壽者라는 것에 집착하는 것이다. 만일 법이아니라는 상을 취하여도 곧 아我와 인人과 중생과 수자에집착하는 것이기 때문이다."

○

이것은 부처님께서 미세한 집착을 버리지 못한 것에 대하여 가르쳐주신 것이다. 어떠한 까닭인가. 이 모든 중생이 만일 마음의 상을 취하면 곧 아상과 인상과 중생상과 수자상에 집착하는 것이고, 만일 모든 법에 그 법상이 공임을 취하여도 곧 아상과 인상과 중생상과 수자상에 집착하는 것이며, 만약 비법상을 취하여도 아상과 인상과 중생상과 수자상에 집착하는 것이다. 때문에 세존께서 중생의 미세한 집착을 끊도록 한 것이다.

5.

"이런 까닭으로 마땅히 법에 취하지도 말며, 법 아닌 것을 취하지도 말아야 한다."

○

부처님께서는 모든 중생이 저 치우친 소견에 집착할 것을 염려하여 "법法도 취하지 말며, 비법非法도 취하지 말라"고 말씀하셨다.

이 말씀은 법과 비법이 둘이 아니고 또한 일진법계一眞法界에는 시비是非가 없는데 어찌 법이니 비법이니 하며 두 가지 분별의 소견을 두겠는가 하신 것이다.

6.

"이에 여래는 늘 말했다. 그대 비구들이여, 내 설법은 뗏 목과 같은 줄 알아야 한다. 법도 버려야 하거늘 하물며 비 법이겠는가."

○

물物과 아我가 모두 없고 마음과 경계가 모두 텅 빔이여!
단절하고 잡아들이기가 어렵다. 그래서 옛사람들은 다음
과 같이 말했다.

"사람과 소가 모두 보이지 않으니 정히 달이 밝은 때이다."
이런 까닭에 여래께서는 항상 다음과 같이 설하셨다.

"그대 비구들은 내가 법을 설함에 있어 뗏목에 비유한 것
처럼 수행을 해야 한다. 법도 오히려 놓아버리는데 하물
며 비법일까보냐."

이것이 어찌 인법因法과 과법果法이 공이고 사람과 법의
둘에 대한 집착을 잊어버림이 아니겠는가.

7. 얻은 것도 없고 말할 것도 없는 분(無得無說分)

1.

"수보리여, 어떻게 생각하느냐. 여래가 아뇩다라삼먁삼보리를 얻었느냐. 여래가 말씀하신 바가 있느냐."

○

수보리가 마음속으로 다음과 같이 의심하였다.

'부처님께서는 부처도 없고 법도 없다고 말씀하신다. 과연 부처가 없으면 여래가 어찌 성불하였고 과연 법이 없으면 여래가 어찌 법을 설하였는가.'

그러나 부처님께서는 수보리가 말하기도 전에 알아차리고 수보리를 불러서 되물으셨다.

"그대는 어째서 분별심을 일으키느냐. 여래가 과연 아뇩다라삼먁삼보리를 얻었느냐. 과연 여래가 설법을 한 것이 있느냐."

이에 수보리가 영리한 까닭에 곧 그 뜻을 알아차렸다.

2.

수보리가 말씀드렸다.

"제가 부처님께서 말씀하신 뜻을 이해하기로는 아뇩다
라삼먁삼보리라 할 만한 정해진 깨침(法)이 없고, 또한 여
래께서 설한 정해진 설법도 없습니다."

○

수보리가 다음과 같이 말씀드렸다.

"제가 부처님께서 설하신 뜻을 이해하기로는 가히 아뇩다라삼먁삼보리를 터득한 것이 없고 설법한 것도 없으며 법도 없고 비법도 없습니다. 그리고 정해진 법이 없는 것을 곧 아뇩다라삼먁삼보리라 말하고 또 정해진 법이 없는 것을 여래께서는 설하셨습니다."

아뇩다라삼먁삼보리는 우리말로 번역하면 '아뇩다라'는 이보다 높은 것이 없다는 것이므로 향상적인 자성이 가장 높아서 그 위에는 더 높은 것이 없다는 것이고, '삼'은 정正이므로 바르고 근본적인 지혜로 그 이치를 통달하는 것이고, '먁'은 바르게 얻은 후득지혜로써 만유의 현상에 통달하는 것으로 비유하면 청정허공에 해와 달처럼 밝은 것이고, '삼보리'는 바르게 깨달은 각覺으로 그 각성覺性이 항상 뚜렷이 밝고 고요하게 비추어 그 고요함과 밝게 비춤이 둘이 아니라는 것이다. 부처님께서 중생을 제도하기 위하여 중생에게 병을 따라서 약을 주는 것과 같거늘 그 어디에 일정하게 정해진 법으로서 아뇩다라삼먁삼보리가 있겠는가.

3.

"왜냐하면 여래의 설법은 모두 취할 수가 없고 설할 수도
없으며 법도 아니고 비법도 아니기 때문입니다."

○

왜냐하면 여래께서는 형상이 있는 법을 말씀하시건 형상이 없는 법을 말씀하시건 간에 일체법을 설하심에 있어서, 비유하면 연 잎사귀 위의 물방울과 같아서 그 물방울이 구르되 조금도 연잎에는 묻지 않은 것과 같다. 여래의 말씀은 이와 같아서 다 취할 수가 없고 설할 수가 없으며 일체법에 그 체상이 없는 까닭에 법이 아니고(非法) 또 저 진여자성이 청정하여 항상 실상에 머무는 까닭에 비법도 아니다(非非法). 만약 비법非法이라고 정해져 있다 하더라도 물을 건너가려면 배를 타야 할 것이고, 만약 법法이라고 정해져 있다 하더라도 물을 다 건너간 사람이 배를 등에 짊어지고 가는 사람이 없듯이, 부처님의 일체 말씀이 모두 도리를 따라서 정해진 법이 없으므로 법도 아니고 비법도 아니라고 말씀하신 것이다.

4.

"왜냐하면 모든 성현들은 다 무위법無爲法[1]에서 차별이 있기 때문입니다."

---

1   무위법은 깨침과 열반과 진여 등과 같이 인과의 법칙에 따라서 변하는 것이 아닌 경우를 말한다.

○

본디 청정한 무위법無爲法 이 성문聲聞[2]에 있으면 고집멸 도苦集滅道의 사성제법이 되고, 연각緣覺[3]에 있으면 십이연 기법이 되고, 보살菩薩[4]에 있으면 보시·지계·인욕·정진· 선정·지혜의 육도만행六度萬行[5]이 된다. 사람의 근기에 높 고 낮음과 법에 깊고 얕음은 있을지라도 그 무위법은 동 일한 까닭에 '모든 성현들은 다 무위법에서 차별이 있다' 고 말한다. 육조 대사[6]는 다음과 같이 말했다.

"무위법은 곧 무주無住이고 무주는 곧 무상無相이며 무상 은 곧 무기無起이고, 무기는 곧 무별無別이다. 그래서 깔 끔하게 지혜와 작용을 가득히 거두고 있으면서 감각에 걸림이 없는 것이야말로 참으로 해탈성불이다. 불佛은 곧 깨치는 것이고 깨치는 것은 곧 관조觀照하는 것이며 관조 는 곧 지혜智慧이고 지혜는 곧 반야바라밀이다."[7]

---

2   성문은 소승의 교법을 가리킨다.
3   연각은 중승의 교법을 가리킨다.
4   보살은 대승의 교법을 가리킨다.
5   육도만행은 육바라밀의 온갖 수행을 가리킨다.
6   육조대사六祖大師는 조계혜능曹溪慧能 638-713 을 가리킨다. 중국선종의 초조에 해당하는 보리달마로부터 여섯 번째 조사라는 의미이다. 혜능 은 남종선법의 조사선으로 돈교법문頓敎法門을 주창하여 중국선종의 토착화를 구축한 인물로 평가받는다.

7   홍련, 『금강경주해』 권2, 만속장24, p.773상 "六祖曰 三乘根性 所解
     不同 見有淺深 故言差別 佛說無為說者 即是無住 無住即無相 無相
     即無起 無起即無滅 蕩然空寂 照用齊施 鑒覺無礙 乃真是解脫佛性
     佛即是覺 覺即是觀照 觀照即是智慧 智慧即是般若波羅蜜多也" 참조.
     CBETA 자료에 근거함.

8. 법을 의지하여 출생하는 분 (依法出生分)

1.

"수보리여, 어떻게 생각하느냐. 어떤 사람이 삼천대천세계에 칠보를 가득 채워서 보시한다면 그 사람의 복덕이 얼마나 많겠느냐."

○

부처님께서 수보리가 마음속으로 의심하는 것을 아시고
형상이 있는 유루복有漏福[1]임을 들어서 그 뜻을 되물으셨다.
"수보리여, 그대는 어떻게 생각하느냐. 어떤 사람이 삼천
대천세계三千大千世界에 가득한 칠보를 가지고 보시한다
면 그 사람이 얻는 복덕은 얼마나 많겠느냐."
이것은 중생이 탐·진·치의 번뇌로써 복을 쌓으면 제아
무리 많더라도 그 복에는 한정이 있어서 필경에는 무너
지고 만다. 그러나 모든 사람이 구족하고 있는 본성을 깨
달으면 그 복은 한량이 없다는 뜻으로 물으신 것이다.

1   인과의 법칙으로 형성된 복덕으로서 그 인과조건이 다하면 소멸되는
    복덕

2.

수보리가 말씀드렸다.

"대단히 많습니다. 세존이시여. 왜냐하면 그 복덕은 복덕
성이 아닌 까닭에 여래께서는 복덕이 많다고 말씀하셨기
때문입니다."

○

수보리가 상이 곧 무상인 줄을 깨닫고서 말씀드렸다.

"세존이시여. 복덕이 대단히 많습니다. 왜냐하면 이 복덕이 곧 복덕성이 아닌 까닭에 여래께서는 복덕이 많다고 말씀하십니다."

육조가 말씀하셨다.

"한량이 없는 칠보로써 보시하여도 자성에는 아무런 이익도 없다. 그러나 마하반야바라밀을 의지하여 수행하면 자성으로 하여금 모든 천당·지옥 등 육도六道[2]에 떨어지지 않는 까닭에 이름이 복덕성이고 마음에 능소能所[3]가 있으면 곧 복덕성이 아니다."[4]

---

2   육도는 천상·인간·수라·아귀·축생·지옥으로 중생이 윤회하는 여섯 가지 세계를 말한다.

3   능소는 주관과 객관으로 분별심을 가리킨다.

4   혜능, 『금강경해의』, 만속장24, p.522상 "三千大千世界七寶 以用布施 得福雖多 於性上一無利益 依摩訶般若波羅蜜多修行 令自性不墮諸 有 是名福德性 心有能所 即非福德性 能所心滅 是名福德性 心依佛 敎 行同佛行 是名福德性 不依佛敎 不能踐履佛行 即非福德性" 참조. CBETA자료에 의함.

또 다른 해설

"칠보七寶[5]로써 보시하는 복덕이 대단히 많습니다."

어찌하여 그런가.

"왜냐하면 칠보로 보시하는 그 복덕은 곧 진정한 복덕성이 아닌 까닭에 여래께서는 복덕이 많다고 말씀하셨습니다. 이것은 진정한 복덕의 경우에 많다거나 적다거나 말할 것이 없다는 것입니다. 또 복덕성이라 말한 것은 마하반야바라밀이고, 복덕성이 아니라고 말한 것은 중생세계의 번뇌에 해당하는 생멸生滅의 마음입니다."

---

5   칠보는 금·은·유리·파려·마노·호박·진주 등 일곱 가지 보배를 말한다.

3.

"만일 또 어떤 사람이 이 경전의 사구게만이라도 받고 지니며 다른 사람에게 설해준다고 하자. 그러면 이 복덕이 저 복덕보다 뛰어나다."

○

상에 집착하여 보시하는 복덕이 없는 것은 아니지만, 삼
계⁶에 윤회하는 것을 벗어나지 못하고 '범소유상 개시허
망 약견제상비상 즉견여래'라는 사구게를 수지하는 복덕
이 제상에 집착하여 보시하는 복덕보다 훌륭하다는 것
을 비유하는데 그것은 산술로는 헤아릴 수가 없다. 왜냐
하면 이 사구게의 뜻은 곧 금강마하반야바라밀이기 때
문이다.

여기에서 '금강'은 우리의 금강과 같이 견고한 불심으로
서 무위의 진여자성이 견고하고 또 날카롭고 또 밝아서
이 금강과 같은 불심은 본디 생사生死가 없어 불생불멸
한 것이다.

'마하반야'는 큰 지혜가 뚜렷이 밝아서 천지天地의 만유
와 허공을 모두 집어삼키는 것으로 그 진심에 광대한 공
덕이 무량하다. 부처님께서 말씀하셨다.

"만일 어떤 사람이 저『금강경』내지 그 가운데 사구게
등을 선지식으로부터 그 뜻을 배워서 그 금강과 같은 불
심에 진리와 도덕을 항상 마음에 지녀서 자기의 무상도

6   三界는 욕계와 색계와 무색계의 중생세간을 가리킨다

덕에 진리를 견고하게 하고, 다른 한편으로는 널리 중생을 제도하고 널리 천하에 덕을 펼치는 까닭에 타인을 위하여 설해주면 그 복덕이 참으로 어리석은 복덕을 닦는 것보다 뛰어나다. 왜냐하면 그 복덕은 능能·소所의 분별심을 벗어났고, 시是·비非의 분별심을 단절하였고, 존存·망亡도 없고, 허虛·실實도 없어서 복덕을 다多·소少의 기준으로 말할 것이 없기 때문이다."

4.

"어떠한 연고인가. 수보리여, 모든 부처님과 부처님의 아
뇩다라삼먁삼보리의 가르침은 다 이 경전에서 나왔기 때
문이다."

○

어떠한 연고인가. 수보리여, 일체의 제불과 제불의 아뇩
다라삼먁삼보리법이 모두 이 경전에서 나왔기 때문이다
는 이 대목에서 "이 경전으로부터 나왔다"는 말은 이 경
전이 붓과 먹으로 쓴 경전이 아니라, 금강과 같이 견고한
불심으로서 생멸을 초월한 참된 경전이라는 것이다. 그
러므로 『불심경』에서는 금강불성이 신령하고 밝아서 온
갖 이치를 갖추어 만사에 상응하되 미묘한 도리가 무궁
하다고 말씀하셨다. 그리고 '반야'는 지혜智慧인데 '지'는
방편으로 공功을 삼고 '혜'는 결단으로 용用을 삼아서 일
체시一切時에 깨어서 비추어보는 마음이다. 그리하여 일
체의 제불과 제불의 아뇩다라삼먁삼보리가 모두 깨어서
비추어보는 가운데서 나온다는 것이다.

5.

"수보리여, 이른바 부처님의 가르침은 곧 부처님의 가르침
이 아니다."

○

함허 스님[7]은 다음과 같이 말했다.

"진성眞性은 연기緣起에 걸리지 않기에 능히 불법을 출생하고, 연기는 진성에 걸리지 않기에 불법(불법은 연기를 말함)이 곧 불법이 아니다."

일체의 글자는 달을 가리키는 손가락과 같으므로 무릇 경전을 의지하여 그 뜻만 취해야 한다. 반야는 능히 불법을 출생하지만, 그 반야는 본디 불법이 아니므로 "이른바 부처님의 가르침은 곧 부처님의 가르침이 아니다"라고 말한 것이다.[8]

---

7   함허득통(涵虛得通, 1376-1433)은 함허당涵虛堂 득통기화得通己和로 조선 초기의 배불정책이 극에 이르렀을 때 불교의 정법正法과 그 이치를 밝힘으로써 유학의 불교 비판의 오류를 시정시키고자 노력하였다.

8   기화, 『금강반야바라밀경오가해설의』 권상, 한국불교전서7, p.46하 "眞性不礙緣起 經能出生佛法 緣起不礙眞性 佛法卽非佛法"

9. 일상과 무상분(一相無相分)

대의

수보리가 다음과 같이 의심한다.

'법도 가히 말할 것이 없고 부처도 가히 이룰 것이 없으며, 또 모든 것을 가히 하나도 얻을 것이 없다고 말씀하신다. 그렇다면 세존께서 옛날 우리 성문들을 위하여 고·집·멸·도의 사제법을 말씀해주신 것은 법이 아니었던가. 우리가 의지하여 각각 그 결과를 얻었는데 그것은 모두 법이 아니란 말인가. 우리가 열반에 의지하여 머무는데 그것은 주하는 것이 아닌가. 어째서 세존께서는 일체가 모두 아니라고 말씀하시는 것인가.'

이 같은 마음으로 분별하니, 세존께서는 수보리를 비롯하여 천이백 명의 대중에게 도과道果를 얻은 제자들의 마음을 거슬러 다음과 같이 물었다.

1.

"수보리여, 어떻게 생각하느냐. 수다원이 '나는 수다원의
도과를 얻었다'고 생각하겠느냐."

○

'그대들이 수다원의 도과를 얻었으면 얻은 상이 있다고 생각하느냐'라는 뜻이다. 비유하면 '꿈을 깨달은 사람에 게 그 꿈을 얻은 것이 있겠느냐'라는 것이다. 수보리는 자신이 이해하고 있는 사실대로 대답한다.

2.

수보리가 말씀드렸다.

"아닙니다. 세존이시여. 왜냐하면 수다원은 '성자의 흐름
에 들어간 자'라고 불리지만 들어간 것이 없고, 빛과 소리
와 향기와 맛과 촉과 법에 들어간 것이 없기에 그 이름이
수다원이라 말하기 때문입니다."

○

수보리는 지난날 자신이 얻은 소승과를 사실대로 드러내
어 대답하였다.

"아닙니다. 세존이시여. 수다원에게는 비록 생사윤회를
거슬러 성현의 부류에 들어갔지만, 들어갔다는 상이 없
습니다. 그래서 보는 모든 색상과 듣는 모든 소리와 냄새
맡는 모든 향기와 먹는 모든 맛과 닿는 모든 촉과 분별
하는 모든 법에 들어가지 않습니다. 그러므로 그 이름을
수다원이라 말합니다. 수다원이 이미 거친 번뇌를 벗어
나서 성현의 부류에 들어갔지만 그 도과道果를 얻었다는
마음이 없는 까닭에 소승과를 초월한 것입니다."

3.

"수보리여, 어떻게 생각하느냐. 사다함이 '나는 사다함의
도과를 얻었다'고 생각하겠느냐."
수보리가 말씀드렸다.
"아닙니다. 세존이시여. 왜냐하면 사다함은 '한번 왕래할
자'라고 불리지만 '실로 한번 왕래함이 없는 것을 사다함'
이라 말하기 때문입니다."

○

"수보리여, 수다원은 그대의 말과 같다. 또 사다함 자신
이 사다함을 얻었다고 생각하겠느냐."

수보리가 말씀드렸다.

"세존이시여. 없습니다. 사다함의 이름을 일왕래―往來라
하는데 실로 왕래가 없으므로 이름이 사다함이라 말하
는 것입니다."

사다함은 우리말로 번역하면 '한 번 온다'는 뜻인데 욕계
에서 미혹을 끊고 수명이 다한 이후에 다시 한 번 천상세
계에 갔다가 다시 인간계에 와서 아나함을 성취하는 까
닭에 일래과―來果라고 말한다.

4.

"수보리여, 어떻게 생각하느냐. 아나함이 '나는 아나함의
도과를 얻었다'고 생각하겠느냐."

수보리가 말씀드렸다.

"아닙니다. 세존이시여. 왜냐하면 아나함은 '되돌아오지
않는 자'라 불리지만 실로 되돌아오지 않음이 없는 것을
아나함이라 말하기 때문입니다." (아나함은 욕계 구품혹九品惑
을 끊고 한번 천상에 가면 다시 오지 않는다)

"수보리여, 어떻게 생각하느냐. 아라한이 '나는 아라한의
도과를 얻었다'고 생각하겠느냐."

○

아라한은 그 신통이 천지를 움직이고 날아다니고 그 변
화를 헤아릴 수가 없다. 또 아라한은 번뇌가 영원히 소멸
되어 어떤 것과도 다툼이 없다. 욕망의 마음이 없으므로
무명에도 마음이 흔들리지 않고, 모든 것에 마음이 흔들
리지 않는 자를 아라한이라 말한다.

5.

수보리가 말씀드렸다.

"아닙니다. 세존이시여. 왜냐하면 실로 아라한이라 할 만
한 법이 없기 때문입니다. 세존이시여. 아라한이 '나는 아
라한의 도과를 얻었다'고 생각한다면 아·인·중생 수자
에 집착하는 것입니다."[1]

1   이상 수다원·사다함·아나함·아라한을 사과四果라 말한다. 사과四果
    는 소승의 교리에서 말하는 성인의 부류를 네 단계로 나눈 것이다. 수
    다원은 처음으로 성인의 대열에 합류한다는 뜻에서 입류(入流, 入類),
    예류(預流, 預類)라 말했고, 사다함은 욕계에 한번 다녀와서 수행을 더
    닦아야 한다는 뜻에서 일왕래一往來라 말했고, 아나함은 욕계에는 다
    시 돌아올 필요가 없다는 뜻에서 불래不來라 말했고, 아라한과는 모
    든 번뇌를 초월하였다는 뜻에서 무학도無學道라 말하였다.

○

수보리가 취할 것이 없는 것으로 대답하여 말씀드렸다.

"세존이시여. 왜냐하면 실로 아라한이라 말할 만한 법이 없음을 일컬어 아라한이라 합니다. 세존이시여. 만약 아라한 자신이 아라한의 도과를 얻었다고 한다면 아상·인상·중생상·수자상을 나투는 것이 됩니다."

(아라한은 가히 번뇌를 끊을 것이 없으며, 가히 탐·진을 여읠 것이 없으며, 마음에 받아들임과 거부함이 없고, 마음과 경계가 함께 공하며, 내외가 항상 고요함으로 이름이 아라한이다.)

6.

"세존이시여. 부처님께서는 저를 다툼이 없는 삼매를 얻은 사람 가운데 제일이고 욕망을 여읜 사람 가운데 제일가는 아라한이라 말씀하셨습니다."

○

수보리는 자기가 증득한 도를 인증하여 말씀드렸다.

"세존이시여. 부처님께서는 저를 가리켜 다툼이 없는 삼매(無諍三昧)[2]를 얻은 사람 가운데 가장 제일이라고 말씀하십니다. 곧 욕심을 벗어난 것으로 제일가는 아라한이라 말씀하십니다."

육조가 말씀하셨다.

"아라한은 마음에 생生·멸滅·거去·래來가 없고 오직 본각本覺만이 항상 밝게 비추기 때문에 무쟁삼매라 말한다."[3]

삼매는 우리말로 번역하면 정수正受라 말하기도 하고 정견正見이라 말하기도 한다. 멀리 95종의 사견邪見[4]을 여의었기에 이름을 정견이라 한다. 허공 가운데는 밝음과 어둠이 서로 다투고, 자성 가운데는 사邪와 정正이 서로 다투는데 일념도 사심이 없어야 바로 무쟁삼매無諍三昧가 된다.

|

2 무쟁삼매는 다툼이 없이 머무는 자, 내지 다툼이 없이 도 닦는 경지를 증득한 자로서 부처님이 수보리를 칭찬한 말이다. 아란나행阿蘭那行과 무쟁삼매無諍三昧와 적정행寂靜行은 동일한 뜻을 다르게 표현한 말이다.

3 기화, 『금강반야바라밀경오가해설의』 권상, 한국불교전서7, p.49 상 "謂阿羅漢 心無生滅去來 唯有本覺常照 故云無諍三昧"

4 사견은 부처님 당시에 불교를 제외한 인도의 사상계를 총칭하는 말이다.

7.

"세존이시여.[5] 저는 제가 욕망을 여읜 아라한이라고 생각
하지 않습니다."

---

5   용성 스님 번역본에는 "세존이시여"라는 말이 빠져있는데 여기에서는
보충하여 넣었다.

○

수보리는 자신이 모든 상을 취하지 않은 뜻을 드러내어
말씀드렸다.

"저는 제가 욕심을 여읜 아라한이라는 생각하지 않습
니다."

8.

"세존이시여, 제가 아라한의 도과를 얻었다고 생각한다면 세존께서는 '수보리는 아란나행(寂靜行)을 누리는 사람이다. 수보리는 실로 아란나행을 한 것이 없으므로 수보리야말로 적정행을 누리는 것이다'라고 말씀하지 않으셨을 것입니다."

○

수보리는 세존이 묻는 곳에 앉아서 대답하였다.

"세존이시여. 제가 아라한도를 얻었다고 하면 세존께서는 저한테 아란나행을 누린다고 말씀하지 않으셨을 것입니다. 그러나 저에게는 실로 아란나행이 없기 때문에 세존께서는 저한테 아란나행을 누린다고 말씀하시는 것입니다."

이 분分의 대의가 집착이 없는 진정한 종지(無住眞宗)를 보여주는 것인데 대중은 다음과 같이 의심한다.

'부처도 구하지 말고 법도 취하지 말라고 하신다. 그런즉 지취旨趣는 도무지 어디에도 없다. 그렇다면 어째서 세존께서는 옛날에 우리 성문들에게 생사를 벗어나서 열반에 안주하라고 가르치셨는가.'

소승들은 오로지 공하고 적적한 곳에 탐착해 있다가 오늘 세존께서 금강의 망치로써 소승에 집착해 있던 마음의 굴레를 타파해주셨지만, 아직 아뇩다라삼먁삼보리에는 미처 깨달아 들어가지 못하고 어떻게 수행해야 할지를 모르고 의심한 것이다. 이에 부처님께서는 수보리가 깨친 경지를 붙잡아서 되물으셨다.

"그대들이 수다원의 도과·사다함의 도과·아나함의 도과·아라한의 도과를 얻었을 때에 그것을 얻었다는 어떤 상이 있었느냐. 오욕의 번뇌경계에 들어가면 범부와 같고, 또 얻은 것이 있으면 아상과 인상과 중생상과 수자상을 드러내는 것이 되는데 그대들은 얻은 것이 있느냐"

수보리가 그 경지에 이르러 아我가 없고 상相이 없는 말씀으로 대답하였다. 이에 부처님께서는 "그렇다면 이제 그대들은 여래에게는 보리에도 집착이 없다는 것을 다시는 의심하지 않을 것이다"라고 말씀하셨다.

10. 정토를 장엄하는 분(莊嚴淨土分)

대의

수보리가 위에서 부처님의 말씀을 듣고서 불과佛果에 집
착이 없다는 것을 분명히 알았다. 그러고 보면 불과를
성취하지 못할 터인데도 불구하고 부처님께서는 연등불
燃燈佛[1]께 성불하리라는 수기授記[2]를 받았고, 또 오늘날
성불하시어 삼십이상과 팔십종호에 부처님의 상호를 갖
추셨으니, 이것이야말로 결정코 불과를 성취한 것이 아
니겠는가. 수보리가 이와 같이 마음속으로 의심하자 부
처님께서는 무득無得의 가르침으로 그 의심을 타파해주
시는데 이하의 내용을 보기로 한다.

---

1   연등불은 수많은 과거의 부처님들 가운데 석가모니부처님에게 수기를
    주신 부처님의 이름이다.
2   수기는 부처님이 제자에게 장차 부처가 될 것을 예언하는 것이다.

1.

부처님께서 수보리에게 말씀하셨다.

"어떻게 생각하느냐. 여래가 옛적에 연등불 처소에서 법을 얻은 것이 있느냐."

"없습니다.[3] 세존이시여. 여래께서는 연등불 처소에서 실로 법을 얻은 것이 없습니다."

3   구마라집본에는 '없습니다(不也)'가 없다.

○

수보리가 집착하지 말라는 가르침을 듣고서 집착이 없는 마음의 바탕이 신령하고 밝은 것임을 깨쳤지만 또다시 의심하였다.

'비록 보리菩提는 무주無住일지라도 불과佛果는 결정이 있는 것이 아닌가. 만일 성불이 없다고 한다면 세존께서는 어째서 연등불에게 수기를 받아서 오늘날 성불하셨는가.'

세존께서 수보리에게 되물어서 그 의심을 해결해 주셨다.

"비록 연등불이 여래에게 수기를 주었을지라도 다만 여래의 마음을 인가했을 뿐이라 실로 얻은 것이 없다. 만일 얻은 것이 있다면 그것은 증상만增上慢이므로 연등불이 여래에게 수기를 주지 않았을 것이다."

그런 뜻으로 부처님께서 수보리에게 말씀하셨다.

"그대는 어떻게 생각하느냐. 여래가 연등불 처소에서 얻은 법이 있느냐."

그러자 수보리가 재빨리 깨닫고 말씀드렸다.

"없습니다. 여래께서는 연등불 처소에서 실로 얻은 법이 없습니다."

그러고 보면 다만 자성이 본디 청정한 줄을 깨닫고 본래 번뇌가 없는 줄을 깨달아서 항상 고요하고 항상 비춰서 정각을 성취한 것인데, 비유하면 햇빛이 밝게 비추지만 그 광명을 취하지 못하는 것과 마찬가지이다.

2.

"수보리여, 어떻게 생각하느냐. 보살이 불국토를 장엄했
느냐."
"아닙니다. 세존이시여. 왜냐하면 불국토를 장엄한다는
것은 곧 장엄하는 것이 아니므로 장엄한다고 말하기 때
문입니다."

○

부처님께서 바로 본연의 자성이 광대하고 청정하여 불의 형상과 법의 형상과 마음의 형상과 모든 형상이 다 끊어져 있는 까닭에 법성法性에 불국토를 나타내고자 물으셨다.

"그대는 어떻게 생각하느냐. 보살이 불국토를 장엄했느냐."

여기에서 부처님께서 물으신 뜻은 '형상이 있는 것을 가지고 불국토를 장엄했느냐. 뚜렷이 밝고 고요히 비추어 무위의 청정한 불국토는 모든 형상으로 장엄할 수 없는 것을 누설하셨다'는 것이다.

무릇 수행하는 수도인에게는 자기가 자기를 장엄하는 것에 세 가지가 있다.

먼저 하나는 세간에서 불국토를 장엄하는 것이다. 입을 청정하게 하여 거짓으로 하는 말과 모질게 하는 말과 이간하는 말과 억지로 꾸미는 말과 모든 불결한 말을 하지 않고, 청정한 덕음德音을 내는 것이 향기롭게 입을 장엄하는 것이다. 몸으로 인자한 행동을 하여 중생이 따르는 덕을 좋아하여 만물에 손해를 입히지 않고, 몸을 청정하게 지녀 음탕하고 무례함을 행하지 않고, 예법을 행하며 추호도 타인의 물건을 훔치지 않는데 이것이 향기롭게 내 몸을 장엄하는 것이다. 마음을 청정히 하여 탐욕을 부리는 마음과 성내는 마음과 어리석은 마음을 일으키지 않는 것이 향기롭게 마음을 장엄하는 것이다. 그런데 이 밖에 별도로 불국토를 장엄하고자 하는가.

또 둘은 자비를 실천하여 널리 중생을 제도하고 널리 천하에 덕을 펼치는 것이 불국토를 장엄하는 것이다. 곧 일체의 모든 곳에서 아만심我慢心을 두지 않는 것이 불국토를 장엄하는 것이다.

또 셋은 모든 상相이 공空인 줄 이해하는 것이 불국토를 장엄하는 것이다. 곧 마음이 청정하면 국토가 저절로 청정해지는 것이다.

그런데도 세간에서는 오욕을 부리고 탐욕의 마음과 성내는 마음을 부리면서 별도로 천당과 극락을 추구하는구나. 미혹한 믿음은 자기의 분별심에서 생겨나는 것이지 부처님의 허물이 아니다.

3.

"이런 까닭에 수보리여, 모든 보살은 이와 같이 반드시 청정한 마음을 일으켜야 한다. 결코 색에 집착하지 않고 마음을 일으켜야 하고, 소리와 향기와 맛과 촉과 법에 집착하지 않고 마음을 일으켜야 한다. 마땅히 머문 바 없이 그 마음을 일으켜야 한다."

○

보살이 불국토를 장엄하는 것은 밖으로 금·은·유리 등 칠보로 장엄하는 것이 아니라, 무릇 그 마음을 청정히 하는 것이다. 마음이 청정한 즉 국토가 저절로 청정해진 다. 때문에 청정한 마음만 일으키고 별도로 국토장엄을 추구해서는 안 된다.

중생은 눈에 보이는 경계에 가지가지로 취하고 버리는 분별심을 일으키고, 색·성·향·미·촉·법에도 또한 그와 같이 분별심을 일으키는데 그것에 마음을 집착해서는 안 된다. 그 마음이 허공과 같이 집착이 없어야 하고 해 와 달이 밝게 비추는 것처럼 오염과 청정(染淨)의 일체법 에 집착이 없도록 해야 한다. 그래서 모든 분별에 마음 을 머물지 말고, 분별이 없는 곳에도 마음을 머물지 말 아야 한다. 그러면 안심하는 미묘한 법이 그 속에 있다.

4.

"수보리여, 비유해서 어떤 사람의 몸이 수미산 왕만큼 크다고 하자. 그러면 어떻게 생각하느냐. 그 몸이 크다고 하겠느냐."
수보리가 말씀드렸다.
"매우 큽니다. 세존이시여. 왜냐하면 부처님께서는 몸을 말씀하신 것이 아니라 그 이름을 큰 몸이라 말씀하시기 때문입니다."

○

수보리가 또 다음과 같이 의심하였다.

'부처님께서 불국토를 장엄하지 않는다면 이것은 불국토가 없는 것이다. 그러고 보면 위대한 몸을 나타내 보인 부처님(千丈大化身佛)께서는 또 어디에 계신단 말인가.'

이것은 보신불이 실제의 국토에 머무시는 것을 의심한 것이다. 부처님께서 그와 같은 수보리의 의심에 대하여 말씀하셨다.

"그대가 위대한 몸을 나타내 보이신 부처님을 크다고 생각할 때에 어떤 사람의 몸이 수미산須彌山[4]만 하다면 그대는 어떻게 생각하느냐. 이런 몸을 크다고 말하겠느냐."

이것은 법신을 가지고 보신과 화신에 집착하는 것을 타파해준 것이다. 곧 법신은 천지天地와 세계와 허공과 만유萬有에 그 상相이 공이기 때문에 허공에 두루하지 않음이 없다. 그 광대한 법신의 자성, 천지와 세계와 만유를 통관적으로 집어삼키고 있는 그 원만한 자성이 작은 줄로 아는 것이냐. 위대한 몸을 나타내 보인 부처님이면 어떻고, 수미산이면 또 어떻다는 말이냐. 그대는 이와 같

---

4   수미산은 우주의 중심에 있다는 산으로 크다는 것을 상징한다. 여기에서 수미산 왕은 수미산의 속성이 위대함을 왕에 비유한 것이다.

이 집착하는 소견을 버려야 한다.

11. 허염없는 복승한 분(無爲福勝分)

1.

"수보리여, 항하恒河의 모래 수만큼 항하가 있다면 어떻게
생각하느냐. 이 모든 항하의 모래 수는 얼마나 많겠느냐."
수보리가 말씀드렸다.
"대단히 많습니다. 세존이시여. 무릇 모든 항하도 헤아릴
수 없이 많은데 하물며 그들의 모래 수이겠습니까."[1]

---

[1] 용성 스님의 번역본에는 위 경문 이하에 "수보리여, 나는 지금 진실한
말로 그대에게 말한다. 만약 어떤 선남자 선여인이 그들 항하의 모래
수만큼의 삼천대천세계에 칠보를 가득 채워서 보시한다면 그 복덕이
많겠느냐. 수보리가 말씀드렸다. 대단히 많습니다. 세존이시여. 부처님
께서 수보리에게 말씀하셨다. 어떤 선남자 선여인이 이 경전의 사구게
만이라도 받고 지니며 다른 사람을 위해 설해준다면 이 복덕이 저 복
덕보다 더 뛰어나다"는 경문의 대목이 생략되어 있다. 때문에 여기에
주석으로 보충해둔다.

○

항하는 인도국의 설산 높은 곳에 있는 아뇩달지阿耨達池
라는 연못에서 동쪽으로 흘러내려 이루어진 강 이름이
다. 그 폭은 40리이고 물속의 모래는 매우 미세하여 금
모래가 섞여 흘러간다. 부처님께서는 항하의 가까운 곳
에 계시면서 자주 설법을 하신 까닭에 항하의 모래를 가
지고 많은 비유를 하셨다. 폭이 40리에 걸친 모래의 숫
자만 해도 무량한데 그 모래 숫자만큼의 항하가 있으면
항하의 수는 얼마나 많을 것이며, 또 그 모든 모래의 수
는 얼마나 많다고 해야 하겠는가. 때문에 수보리가 대답
하였다.

"항하의 모래 수만큼의 항하도 무량한데 그 낱낱 항하의
모래 수만큼의 모래 수를 어찌 헤아릴 수가 있겠습니까."

12. 정교를 존중하는 분(尊重正教分)

1.

"또한 수보리여, 이 경전의 사구게만이라도 설해지는 곳
이라면 일체 모든 세간·천신·인간·아수라가 마땅히 공
양하는 여래(佛)의 탑묘佛塔임을 알아야 한다."

○

이 경전은 금강과 같이 견고한 불심이다. 이 금강과 같
이 견고한 불심에 대한 진리를 잘 연설하여 듣는 사람에
게 분명하고 확실하게 이해하도록 해야 한다. 그래서 만
약 무소득의 깨달음과 무소득의 설법을 통달하여 금강
반야바라밀법을 선전하고 유포하면 그 사람의 몸이 그대
로 금강사리탑이기 때문에 천룡팔부[1]가 모두 찾아와 그
것을 받아들여 감득하게 된다.

---

1   팔부중八部衆을 일컫는 말이다. 천중天衆·용중龍衆·야차夜叉·건달바乾闥
      婆·아수라阿修羅·가루라迦樓羅·긴나라緊那羅·마후라가摩睺羅迦 등이다.

2.

"하물며 이 경전 전체를 받고 지니며 읽고 외우는 사람이
겠는가. 수보리여, 이 사람은 최상이고 제일가며 희유한
법法을 성취한 것임을 알아야 한다."

○

위에서 무릇 형상이 있는 것은 모두 허망하다고 말씀하
신 사구게도 복덕이 뛰어난데, 하물며 경전 전체를 많이
받고 지니는 것이겠는가.

3.

"이와 같이 경전이 있는 곳이라면 곧 여래와 존경받는 제
자들이 계시는 곳이다."

○

부처님께서는 비유를 들어서 뛰어난 법을 보여주신다.
곧 사구게를 설명하신 복덕이 항하의 모래 수만큼 삼천
대천세계에 칠보를 가득 채워서 보시하는 것보다 뛰어나
다는 그 법이야말로 최상이고 희유하다는 것이다.

이 사구게는 그대로 법신 전체이기 때문에 부처님께서
세간에 계실 때에 제자들에게 평등하게 널리 전하였다.
또 세간의 사람들은 성현을 존경하는데 성현을 따르는
자는 부처요, 부처를 따르는 것이 경전이니, 경전은 생멸
이 없는 금강과 같이 견고한 불성이다. 이런 까닭에 경전
이 있는 곳이라면 곧 부처님이 계시는 곳이고, 또 존경받
는 부처님의 제자가 있는 것과 같다고 말씀하셨다.

13. 법다히 수지하는 분(如法受持分)

1.

그때 수보리가 부처님께 말씀드렸다.

"세존이시여. 이 경전을 무엇이라 불러야 하고, 저희들은
어떻게 받들어 지녀야 합니까."

부처님께서 수보리에게 말씀하셨다.

"이 경전의 제명은 '금강반야바라밀'이다. 이 제명으로
너희들은 받들어 지녀야 한다."

○

반야의 실제를 바로 가르쳐주시니 수보리가 부처님의 뜻
을 깨닫고 반야 전체가 드러나 감추어진 것이 없는 까닭
에 경전의 이름을 물으셨다. 이에 세존께서 금강반야바
라밀金剛般若波羅蜜이라는 제명으로 받고 지니라고 말씀
하셨다.

2.

"수보리여, 왜냐하면 여래(佛)[1]가 반야바라밀을 말씀하신 것은 곧 반야바라밀이 아니라 이름이 반야바라밀이기 때문이다."[2]

1 여기에서 불佛을 부처님이라 하지 않고 여래라고 한 것은 『금강경』의 설법에서 석가모니부처님이 자신을 포함한 일반적인 부처님을 호칭할 경우에 여래라는 말로 일컬었기 때문이다.
2 구마라집본에는 '이름이 반야바라밀이기 때문이다'의 대목이 없다.

○

무릇 법의 당기(法幢)[3]를 건립하고 종지를 세우는 것은 만세에 모범을 보이는 것이다. 법을 건립하고 법을 파하는 것은 모두 법왕의 법령이 자재한 까닭이다. 반야바라밀을 말씀하신 것은 곧 반야바라밀이 아니라고 말씀하신 것에 깊은 뜻이 깃들어 있다. 이 경전의 제명이 『금강반야바라밀』인데 이 법은 명名·상相이 없지만 짐짓 그 명·상을 내세워서 중생으로 하여금 깨닫게 하려는 것이다. 그리고 마음이 본래 마음이 아니고 법도 또한 본래 법이 아니므로 반야바라밀이 아니라고 한 것이다. 또 다른 경본에는 이 이름이 『반야바라밀』이라는 글귀로 되어 있는데 알겠는가.

즉금卽今에 그 면목面目이 분명하구나.

3   법의 당기(法幢)는 불법을 가리키는 깃발이라는 뜻이다.

3.

"수보리여, 어떻게 생각하느냐. 여래가 설법한 것이 있느냐."

수보리가 부처님께 말씀드렸다.

"세존이시여. 여래께서는 설법하신 것이 없습니다."

○

수보리는 이미 법신의 이치를 깨달았는데도 다음과 같이 의심하였다.

'법신에 상이 없으면 마땅히 그 누가 설법을 하였는가.'

이것은 법에 대하여 언설로 말할 것이 있는 줄로 생각한 것이다. 때문에 부처님께서는 그것을 힐난하여 "법신의 경우 이미 몸이 아닌 것을 깨쳤을 것인데 법의 경우도 또한 말할 것이 없다"고 말씀하신다. 이 뜻은 무릇 법신에 대하여 궁극을 보여준 것이다. 이것은 이른바 백척간두에서 한 걸음을 더 나아가는 도리이므로 금강의 안목을 갖추어야 궁극의 경지에서 서로 상응할 것이다.

4.

"수보리여, 어떻게 생각하느냐. 삼천대천세계를 이루고 있
는 가는 티끌이 많다고 하겠느냐."
수보리가 말씀드렸다.
"대단히 많습니다. 세존이시여."
"수보리여, 모든 가는 티끌에 대하여 여래는 미진微塵을
말한 것이 아니라 그 이름이 미진이며, 세계에 대하여 여
래는 세계를 말한 것이 아니라 그 이름이 세계이다."

○

수보리가 마음속으로 다음과 같이 의심하였다.

'형상이 없다고 하면 곧 단멸에 떨어지는 것이 아닌가. 만약 단멸하여 상이 없다면 마땅히 어디에서 법신을 볼 수가 있겠는가.'

세존께서 말씀하여 다음과 같이 그 의심을 타파해주셨다.

"비록 모든 법이 공이지만 단멸에 들어간 것이 아니다. 그대는 어떻게 생각하느냐. 삼천대천세계의 가는 티끌이 얼마나 많겠느냐."

또 다음과 같이 말씀하셨다.

"여래가 미진과 세계를 말한 것은 정녕 미진과 세계를 말한 것이 아니라 그 명칭이 미진과 세계이다."

이 뜻은 티끌 티끌과 세계 세계가 온전히 그대로 법신임을 보여준 것이다. 만약 미진과 세계를 곧이곧대로 미진과 세계로 간주한다면 눈에 가득한 미진의 경계와 삼라만상이 분연히 일어날 것이고, 만약 미진과 세계를 미진과 세계가 아닌 것으로 간주한다면 진정으로 텅 빈 자성이 고요할 것이다. 이른바 적적하게 소멸하고 신령하게 텅 비어 하나의 자성으로 융통될 것이다. 이로써 보자면 청청한 푸른 대나무가 그대로 진여이고 울울한 누런 꽃이 다 반야 아님이 없다. 산하와 대지가 온전히 법왕신이 나타난 것인데 무슨 단멸이 있겠는가. 이런 까닭에 세계를 전부 말씀하신 것은 세계가 아니라 이름이 세계이다.

5.

"수보리여, 어떻게 생각하느냐. 삼십이상을 통해서 여래를 볼 수가 있느냐."

"아닙니다. 세존이시여. 삼십이상을 통해서는 여래를 볼 수가 없습니다. 왜냐하면 여래께서 삼십이상을 말씀하신 것은 곧 그 상이 아니라 이름이 삼십이상이기 때문입니다."

○

수보리가 마음속으로 다음과 같이 의심하였다.

'법신法身은 상이 아니어야 부처가 된다고 하면서 여래께 서는 지금 삼십이상을 보여주시는데 어찌 이것이 부처님 이 아니겠는가.'

이것은 화신불化身佛을 잘못 알아서 진불로 간주한 것이 므로 법신불과 화신불이 둘이 아니라는 것으로 수보리 의 의심을 타파해주신 것이다. 왜냐하면 여래께서 삼십 이상을 설한 것은 곧 삼십이상이 아니라 이름이 삼십이 상이라고 말씀하시기 때문이다. 이 뜻은 법신불과 화신 불이 하나임을 보여준 것이다. 그러므로 형상으로 나타 난 부처님(有相佛)을 부처님이 아니라고 말해서는 안 된 다. 지금 보고 있는 여래의 삼십이상은 곧 삼십이상이 아 니라 화신이 곧 법신이므로 법신과 보신報身과 화신의 삼 신불三身佛이 일체一體로서 그 몸과 그 국토가 없는데 어 디에서 그것을 만나고, 몸과 국토가 없는데 어디에서 그 것을 만나지 못할 것인가. 이치가 극진하면 분별의 마음 을 잊게 되니 언설의 집착은 자연히 적멸하게 된다.

6.

"수보리여, 만일 어떤 선남자 선여인이 항하사의 모래 수
만큼의 신명으로써 보시한다. 만일 또 어떤 사람은 이 경
전의 사구게만이라도 받고 지니며 다른 사람을 위해 설한
다. 그러면 이 복덕이 저 복덕보다 대단히 많다."

○

이 대목은 재물로 보시하는 것은 오히려 가볍고, 세세생
생에 걸쳐서 항하의 모래 수만큼의 몸과 목숨을 바쳐서
보시하는 것이 더 어려운 것임을 보여준다. 그렇지만 지
혜가 없이 몸과 목숨만 버려서 보시하는 것은 깨달음에
이르는 올바른 도리가 아니라, 도리어 점점 생사의 고통
만 더할 뿐이다. 이 사구게를 받고 지니는 것은 지혜로운
안목을 얻어서 진정한 아뇩다라삼먁삼보리로 나아가는
길이므로 그 복덕은 저 몸과 목숨을 바쳐서 보시하는 것
보다 많다고 말한다.

14. 상을 여의어 적멸한 분(離相寂滅分)

1.

그때 수보리가 이 경전 설하심을 듣고서 깊이 뜻을 이해
하여 감격의 눈물을 흘리며 부처님께 말씀드렸다.

"희유하십니다. 세존이시여. 제가 옛적부터 지금까지 얻
은 혜안[1]으로는 부처님께서 이와 같이 대단히 깊은 경전
설하심을 들은 적이 없습니다."

---

1   혜안慧眼은 사성제의 도리를 통하여 수보리 자신이 이전에 터득한 소승
법을 가리킨다.

○

이 대목은 수보리가 부처님의 마음에 계합하여 부처님의 진경에 들어간 것이다. 수보리를 비롯하여 모든 소승과 모든 중생은 다 상에만 집착하는 무리들이다. 그래서 부처님께서 출세하여 이십여 년 동안 법을 말씀하신 것은 일찍이 상을 여의지 못한 까닭에 놀라고 의심할까 염려하여 여러 가지 방법으로 가지가지 법을 설하였다. 이제야 비로소 부처님의 본심이 드러나자 여러 가지 의심을 다 끊고 청정한 믿음을 내는 까닭에 이 반야의 대승 법문에 처음으로 들어간 것이다.

그런데 수보리는 과거부터 수많은 부처님을 받들어 모셨는데 어찌 이와 같이 깊은 대승법을 듣지 못하다가 이제야 처음으로 듣게 되었는가. 그 까닭은 옛적에 들었던 법문은 소승 및 성문의 지혜로서 대승법이 아니었고, 지금에야 대승의 깊은 경전을 듣고서 비로소 대승법을 깨친 까닭에 "이와 같은 경전은 처음으로 들었습니다"라고 말하면서 감격의 눈물을 흘렸다. 그 이유는 다음과 같다.

곧 소승들은 이십 년 동안에 걸쳐서 오직 상에만 집착하고 본심을 깨닫지 못했다가 이제 비로소 깨쳤기 때문에 홀연히 감격의 눈물을 흘린 것이다.

또 하나는 무량겁 동안 탐욕과 질투로 자심에 미혹하여 삼계와 육도에 윤회했음을 생각하고 홀연히 감격의 눈물을 흘린 것이다.

또 하나는 무량겁에 걸쳐 몸과 목숨을 바쳐서 보시해도 본성을 깨닫는 복덕에 비교하면 그 백천만 분의 일에도 미치지 못함을 생각하며 감격의 눈물을 흘린 것이다.

또 하나는 수보리가 이 경전에 대하여 처음에는 상근기의 경우만 깨칠 수 있음을 드러낸 까닭에 "희유하십니다"라고 찬탄했지만, 여기에서는 중하근기의 경우에도 깨치는 길을 보여준 까닭에 한편으로는 감격의 눈물을 흘리고 한편으로는 기뻐서 "희유하십니다"[2]라고 말한 것이다.

---

2   이전에 '희유하십니다'라고 말했던 것은 경전의 서두 부분에서 수보리가 부처님에게 찬탄했던 "희유하십니다, 세존이시여. 여래께서는 모든 보살을 잘 호념하여 보살펴주시고 모든 보살을 잘 부촉해주십니다"는 대목을 가리킨다.

2.

"세존이시여. 만약 어떤 사람이 이 경전을 얻어듣고 믿음이 청정해지면 곧 실상實相이 생길 것이니, 그 사람은 반드시 가장 희유한 공덕을 성취할 것입니다."

○

수보리는 자신이 깨달은 경지를 진정으로 드러내고 또 같은 벗으로서 그 뜻에 동조하는 까닭에 자신이 듣고 깨친 것이 참으로 희유하다고 말한 것이다. 또 재차 어떤 사람이 자심이 청정한 줄을 믿어서 실상의 자성이 현전現前하고 모든 망상심이 소멸하면 그 사람의 경우도 또한 희유하다고 말한다. 왜냐하면 명名·상相이 없는 법은 가장 받기 어렵고 또한 가장 알기 어렵기 때문이다.

3.

"세존이시여. 이 실상이란 곧 실상이 아니므로 여래께서
이름을 실상이라 말씀하십니다."

○

깨달음의 본체가 드러나 있는 까닭에 이 경전을 듣고서 믿음을 일으키면 신심이 청정하여 곧 실상이 발생한다. 이 실상의 자성은 보고(見) 듣고(聞) 느끼고(覺) 아는(知) 것으로 추구할 수가 없고, 색·성·향·미·촉·법으로 찾을 수 있는 것이 아니므로 실상이라 말한 것이며, 유상도 아니고 무상도 아니며 비유상도 아니고 비무상도 아니므로 여래께서는 실상이라 말씀하신 것이다.

4.

"세존이시여. 제가 지금 이 경전을 믿고 이해하며 받고 지니는 것은 어렵지 않습니다."

○

저희들이 친히 여래로부터 이 경전을 얻어듣고, 비록 믿는 것이 어렵다고 할지라도 부처님의 육성법문을 듣고서 믿는 것은 어렵지 않습니다.

5.

"그러나 만약 미래세 후오백세에 어떤 중생이 이 경전을
믿고 이해하며 받고 지닌다면 그 사람은 곧 제일 희유할
것입니다."

○

그러나 만약 부처님께서 열반하신 이후 2,500년에 해당하는 후오백세에 어떤 중생이 이 경전에 대하여 듣고 믿고 받고 지닌다면 그것은 참으로 희유한 것이다. 왜냐하면 성현이 떠나간 지가 오래되었을 뿐만 아니라 후오백세의 오탁악세[3]에는 삿된 마구니와 외도의 법이 세간에 충만하여 마구니의 법이 강성하고 정법이 미약해지는 시대로서 이 대승법을 믿는 자가 대단히 드물기 때문에 희유한 사람이라고 말한 것이다.

---

3   오탁악세五濁惡世는 후오백세 곧 말법시대에 중생세계에 나타나는 다섯 가지 열악한 모습이다. 곧 겁탁劫濁은 시대가 열악하고, 견탁見濁은 중생의 견해가 열악하며, 번뇌탁煩惱濁은 탐·진·치로 마음이 열악하고, 중생탁衆生濁은 함께 사는 이들의 몸과 마음이 열악하며, 명탁命濁은 인간의 수명이 짧아지는 열악한 모습이다.

6.

"왜냐하면 이 사람은 아상·인상·중생상·수자상이 없
기 때문입니다. 왜냐하면 아상은 곧 아상이 아니고 인
상·중생상·수자상들도 곧 이 상이 아니기 때문입니다.
왜냐하면 일체의 상을 벗어난 사람을 제불諸佛이라 말하
기 때문입니다."

○

아상·인상·중생상·수자상의 사상四相을 벗어난 자는 중생 밖에 초연히 벗어나서 지혜의 안목을 열고, 사상이 본래 공인 줄을 요달한다. 그러나 사상이 본래 여여한 이치를 알면 곧 법신을 볼 것이다. 때문에 아상이 상이 아니고 인상·중생상·수자상이 곧 상이 아니라고 말한다. 왜냐하면 일체의 상을 여읜 사람을 제불이라 말하기 때문이다. 바로 이것이 참으로 희유한 것이다.

7.

부처님께서 수보리에게 말씀하셨다.
"그래, 바로 그렇다."

○

세존께서 수보리의 말을 듣고서 이에 수보리가 아는 바를 인가하여 "그래, 바로 그렇다. 진실로 그대가 말한 바와 같다"고 칭찬하셨다.

8.

"만약 어떤 사람이 이 경전을 얻어듣고 놀라지 않고 겁내지 않으며 두려워하지도 않는다면 그 사람은 매우 희유한 사람인 줄을 알아야 한다."

○

이 대승법은 크고 사람의 근기는 미약하기 때문에 마땅
히 놀라고 의심하고 두려워하고 무서워한다. 그렇지 않
은 사람은 참으로 희유하다.

9.

"수보리여, 왜냐하면 여래가 말한 제일 반야바라밀은 곧 제일 반야바라밀이 아니라 이름이 제일 반야바라밀이기 때문이다."

○

부처님의 말씀은 언설에 있지 않으므로 "여래가 말한 제
일 반야바라밀은 곧 제일 반야바라밀이 아니라 명칭이
제일 반야바라밀이다"라고 말씀하셨다.
그러나 삼구三句[4]의 면목이 완연하구나!

---

4   삼구는 '여래가 말한 제일 반야바라밀'이 제1구이고, '곧 제일 반야바라
밀이 아니라'가 제2구이며, '이름이 제일 반야바라밀이다'가 제3구이다.

10.

"수보리여, 인욕바라밀을 여래는 인욕바라밀이 아니라, 이름이 인욕바라밀이라고 설하였다. 수보리여, 왜냐하면 내가 옛적에 가리왕에게 신체가 베이고 끊어졌을 때 나에게는 아상·인상·중생상·수자상이 없었기 때문이다. 왜냐하면 옛적에 신체가 베이고 끊어졌을 때 나에게 아상·인상·중생상·수자상이 있었다면 성내고 원망하는 마음이 생겼을 것이다."

○

가리왕迦利王은 우리말로 번역하면 지극히 악하다는 말이다. 부처님께서 과거 세상에 수행자로 있었을 때 산중에서 도를 닦고 있었다. 그 나라의 국왕으로 있었던 가리왕이 사냥을 나왔는데 수행자가 있다는 말을 듣고 왕비와 더불어 수행자에게 예배하고 물었다.

"어떤 깨침을 얻었습니까."

수행자가 대답하였다.

"얻은 것이 하나도 없습니다."

이에 가리왕이 크게 노하여 날카로운 칼로 손과 다리와 온몸을 오려내고 잘랐다. 그때 수행자는 추호도 성내는 마음이 없었다. 이에 가리왕을 벌주기 위하여 공중에서 돌비가 내렸다. 가리왕이 크게 놀라서 참회하니, 그때 제석천왕이 전단의 흙으로 수행자의 몸을 붙여서 순식간에 원래의 모습으로 만들어 놓았다. 그래도 그 수행자는 조금도 기뻐하지 않았다. 수행자가 이처럼 희로애락喜怒哀樂에 흔들리지 않은 것이 마치 수미산과 같았다.

11.

"수보리여, 또한 생각하면 과거 오백세 동안에 인욕선인
이었는데 그때 아상과 인상이 없었고 중생상과 수자상
이 없었다."

○

이 대목은 과거로부터 다생에 걸쳐서 인욕수행을 실천해
온 모습을 인증하여 후세의 수행자들에게 경계시킨 것
이다. 아我라는 상과 인人이라는 상과 자타自他의 차별상
을 일으키는 중생衆生이라는 상과 수壽라는 상을 남겨두
지 말고, 원수와 은인 및 물아物我가 평등하여 참으로 떳
떳하고 참으로 즐거운 도를 행하라는 것이다.

12.

"수보리여, 이런 까닭에 보살은 모든 상을 여의어서 아뇩
다라삼먁삼보리심을 일으켜야 한다."

○

비록 자신의 마음이 부처님의 마음과 같음을 깨쳤을지라
도 일체의 온갖 경계와 일체의 온갖 만상과 내외의 제법
에 집착하지 않는 것이 마치 연잎에 물이 젖지 않는 것과
같고, 또 마음 씀씀이가 마치 큰 허공과 같게 해야 한다.

13.

"반드시 형색에 집착이 없이 보리심을 일으켜야 하고, 소
리·향기·맛·촉·법에 집착이 없이 보리심을 일으켜야 한
다. 반드시 집착이 없이 보리심을 일으켜야 한다."

○

육조가 말씀하셨다.

"마음이 법에 집착하지 않으면 도가 곧 통하여 흐르지만, 마음이 법에 집착하면 자기를 스스로 옭아매는 것이다."[5]

그러므로 일체처 및 일체시에 자기의 본래면목을 잃어버리지 말아야 한다. 그리고 보면 일체의 내외 공간이 없는 무주심체無住心體[6]가 신령하고 밝아서 상에 집착한다든가 집착하지 않는다든가 하는 것이 없다.

5 『육조대사법보단경』, 대정장48, pp.352하~353상 "善知識 道須通流 何以却滯 心不住法 道卽通流 心若住法 名爲自縛" 참조.
6 집착이 없는 마음의 본체

14.

"만약 마음에 집착이 있으면 곧 올바른 머묾(安住)이 아니다."

○

만일 마음이 열반에 집착하면 그것은 곧 보살이 아니다.
그러므로 일체 내외의 제법에 마음이 집착하지 않아야
그것이 곧 보살의 머묾(安住)이 된다.

15.

"그러므로 여래가 보살은 형색에 집착이 없는 마음으로 보시해야 한다고 설하였다. 수보리여, 보살은 일체중생을 이롭게 하기 위해 반드시 이와 같이 보시해야 한다. 여래는 일체의 제상을 곧 상이 아니라고 설하였고, 또 일체의 중생을 곧 중생이 아니라고 설하였다."

○

이 대목의 대의는 색·수·상·행·식의 오온五蘊에 집착하
는 것을 타파하는 것이다. 그래서 처음에 수보리가 마음
을 어떻게 안주하고 마음을 어떻게 다스려야 하는가를
물었는데, 이제 여기 대목에서 그 질문에 대하여 답변한
것이다.

수보리가 한번 몸과 목숨을 바쳐 보시함을 듣고 오온이
공인 줄을 통달하지 못하고 마침내 다음과 같이 의심하
였다.

'몸과 목숨을 바쳐서 보시하는 것은 대단히 어렵다. 밖으
로 칠보를 가지고 보시하되 마음이 상에 집착하지 않는 것
은 오히려 쉽지만 몸과 목숨을 버리는 것은 할 수가 없다.'
이처럼 수보리는 상相이라는 견해에 집착하므로 법공의
진여를 깨치지 못한 것이다. 그러므로 세존께서 특별히
인욕수행을 말씀하셨다.

만약 오온의 본성이 공인 줄을 깨친다면 칼로 물을 베
는 것과 같고, 햇빛을 입으로 불어서 없애려는 것과 같
이 담연부동湛然不動하다. 또 일체상을 여의고 보리심을
일으킨 사람은 육진六塵에 집착하지 말고 보리심을 일으

키라고 말씀하신다. 또 만약 마음에 집착이 있으면 마음
과 경계가 모두 망령되어 참된 곳에 안주하는 것이 아니
라고 말씀하신다. 또 모든 색상·성상·향상·미상·촉상·
법상에 집착이 없이 보시하는 것은 일체중생에게 이익을
주려는 것이고, 또 일체의 제상이 다 진여이고, 일체의
중생이 곧 진여이지만, 만일 제상이 공이면 그 상은 곧
여래임을 깨달을 것이다.

16.

"수보리여, 여래는 참된 말을 하는 자이고 실다운 말을
하는 자이며 여여如如한 말을 하는 자이고 미친 말을 하
지 않는 자이며 다른 말을 하지 않는 자이다."

○

육조가 말씀하셨다.

"참된 말은 일체의 유정·무정에게 모두 불성이 있다는 말이고, 실다운 말은 중생이 악업을 지으면 반드시 고苦를 받는다는 말이며, 여여한 말은 중생이 선법을 닦으면 반드시 낙보樂報를 받는다는 말이고, 미친 말을 하지 않는다는 것은 반야바라밀법은 삼세제불을 내지만 반드시 허망하지 않는다는 말이며, 다른 말을 하지 않는다는 것은 여래의 모든 언설은 처음도 훌륭하고 중간도 훌륭하며 끝도 훌륭하여 그 지의旨意가 미묘하여 일체의 천마외도가 이것을 능가하지도 못하고 불어佛語를 파괴하지도 못하는 것이다."[7]

7   기화, 『금강반야바라밀경오가해설의』 권상, 한국불교전서7, p.66상 "眞語者 說一切有情無情皆有佛性 實語者 說衆生造惡業 乏受苦報 如語者 說衆生修善法 乏受樂報 不誑語者 說般若波羅蜜法 出生三世諸佛決乏不虛 不異語者 如來所有言說 初善中善後善 旨意微妙 一切天魔外道 無有能超勝 及破壞佛語者也"

17.

"수보리여, 여래가 얻은 법에는 실다운 것도 없고 헛된 것
도 없다."

○

수보리가 다음과 같이 의심하였다.

'일체상이 모두 공이라면 증득한 지혜도 또한 공이므로 체가 없는 법이 어찌 인因을 지어 과果를 얻겠는가.'

이에 부처님께서는 여래가 증득한 경계는 결코 허망하지 않다고 말씀하셨다. 이것은 우리의 마음이 방方·원圓·장長·단短 및 청靑·황黃·적赤·백白 등 모든 형상이 하나도 없다는 것을 말한다. 그렇다고 목석과 같지도 않다. 만약 목석과 같다면 어찌 보고 들으며 느끼고 알겠는가. 여래께서 얻은 법은 결코 헛되지도 않고 결코 진실하지도 않다.

18.

"수보리여, 만약 보살이 법에 집착하는 마음으로 보시하
면 마치 사람이 어두운 곳에 들어가면 아무것도 볼 수가
없는 것과 같고, 보살이 법에 집착하지 않는 마음으로 보
시하면 마치 눈 있는 사람이 햇빛이 빛나면 갖가지 모습
을 볼 수가 있는 것과 같다."

○

무릇 마음을 허공과 같이 한다면 마음이 허공이라는 상
에 걸리는 것이 되고, 마음을 청정한 물과 같이 한다면
청정하다는 상에 걸리는 것이 되고, 마음을 금강과 같
이 한다면 견고하다는 상에 걸리는 것이 되고, 갖가지 법
에 집착하면 갖가지 법에 걸리는 것이 되고, 또 마음을
무위無爲[8]하고 무사無事[9]하게 두면 무위하고 무사한 상에
걸리는 것이 된다. 그러나 그 모두를 다 놓아버리면 무주
심체無住心體가 신령하고 밝게 된다. 이 마음에 항상 집착
이 있으면 구름이 하늘을 가리는 것과 같고, 물아物我를
모두 잊으면 해가 하늘에 떠오르는 것과 같다.

---

8   무위는 마음에 집착이 없는 것
9   무사는 마음에 번뇌가 없는 것

19.

"수보리여, 만약 당래세에 어떤 선남자 선여인이 이 경전을 받고 지니며 읽고 외운다면 곧 여래는 부처의 지혜로 그 사람이 모두 한량없는 공덕을 성취할 것을 다 알고 다 본다."

『금강반야바라밀경』하권

15. 경을 가진 분(持經功德分)

1.

"수보리여, 만약 어떤 선남자 선여인이 아침나절에 항하의 모래 수만큼의 몸으로 보시하고 점심나절에 다시 항하의 모래 수만큼의 몸으로 보시하며 저녁나절에 또 항하의 모래 수만큼의 몸으로 보시하여 이와 같이 무량백·천·만·억겁에 몸으로 보시한다고 하자. 만약 다시 어떤 사람이 이 경전을 듣고 신심으로 거스르지 않는다고 하자. 그러면 이 복덕이 저 복덕보다 뛰어나다. 하물며 이 경전을 기록하고 베껴 쓰고 받고 지니며 읽고 외우며 다른 사람을 위해 해설해주는 것이겠는가."

○

이 대목의 대의는 마음과 부처가 평등함을 보여준 것이다. 수보리가 마음속으로 다음과 같이 의심하였다.
'내 지혜로는 부처님의 지혜에 계합할 수가 없다.'
이에 부처님께서는 경전을 받고 지니는 공덕에 대하여 찬탄하셨다. 곧 반야에는 문자가 없는 까닭에 문자가 곧 반야이다. 나 여래가 이 경전을 설하는 것은 곧 온몸이 그대로 반야이기 때문에 어떤 사람이 이 뜻을 믿는다면 그는 온전하게 이 경전을 받고 지니는 것이다. 가령 무량 겁에 걸쳐 몸과 목숨을 아끼지 않고 보시할지라도 경전을 믿고 지니는 공덕에 비하면 극히 적은 일부분에도 미치지 못한다. 왜냐하면 상에 집착한 보시는 생사에 윤회하는 과보를 벗어나지 못하지만, 마하반야바라밀을 받고 지니는 공덕은 불가사의하기 때문이다.

2.

"수보리여, 요약해서 말하면 이 경전에는 사량할 수가 없
고 헤아릴 수도 없으며 끝없는 공덕이 있다."

○

이 경전의 공덕은 분별지로 알 수가 없고 알음알이로 알 수가 없다. 비유하면 어떤 사람이 허공을 헤아리고 바람을 붙들고 대해의 바닷물을 다 들어 마신다 할지라도 반야의 공덕은 극히 일부분도 헤아리지 못한다. 왜냐하면 반야의 자성은 허공이 아니라 허공과 평등한 자성이고, 항상 변하지 않으며, 여래장은 발생과 소멸이 없고, 광대하여 허공으로 측량할 수 없고, 구경究竟의 법계法界와 같아서 생멸이 없고, 사의思議와 부사의不思議가 없기 때문이다.

3.

"여래는 대승심을 발한 자를 위하여 설하고 최상승심을
발한 자를 위하여 설한다. 만약 어떤 사람이 받고 지니며
읽고 외워서 널리 다른 사람을 위해 해설해주면 여래는
그 사람이 헤아릴 수 없고 말할 수 없으며 끝없는 공덕을
성취할 줄을 다 알고 다 본다. 그와 같은 사람들은 여래의
아뇩다라삼먁삼보리를 짊어지게 될 것이다. 수보리여, 왜
냐하면 만약 소승법을 좋아하는 자는 아견·인견·중생
견·수자견에 집착하므로 이 경전을 듣고 받으며 읽고 외
우며 다른 사람을 위해 설명해줄 수가 없기 때문이다."

○

이에 대한 뜻은 위에서 여러 차례에 걸쳐서 칭찬하였지
만 사상四相에 집착한 경우에 대해서만 말씀하셨기 때문
에 완전하지 못하였다. 이제 여기에서는 오직 상상上上의
근기만을 위한 까닭에 사견四見[1]을 말씀하셨는데 이것은
지극히 미세하여 위에서 했던 설명과 같지 않다.

<hr/>

1   사견은 아견·인견·중생견·수자견을 말한다.

4.

"또 수보리여, 만약 이 경전이 있는 곳이라면 어디든지 일체 세간의 천상·인간·아수라들에게 반드시 공양을 받을 것이다. 그곳은 곧 탑묘가 되어 마땅히 모두가 공경하고 예배를 드리며 돌면서 여러 가지 꽃과 향을 뿌리는 줄을 반드시 알아라."

○

이 경전은 항상 반야법신에 머묾을 찬탄한 것이다. 반야
법신은 영원불변으로서 불생이고 영원불변으로서 불멸
이지만, 세간의 사람들이 오음에 묻혀서 자기의 천성을
드러내지 못하고 있다. 만약 번뇌의 굴레에서 반야보주
를 얻는다면 그것은 무량한 바라밀로 장엄한 것이므로,
무량한 인신세계와 천상세계의 중생에게 대법광명을 비
추고 제천諸天은 모든 천상세계의 팔부신중이 무척 기뻐
하여 공경·예배·공양을 한다. 이와 같이 『반야경』을 받
고 지니는 자는 곧 그대로 부처님이므로 무량하고 무변
한 복덕이 있다.

16. 능히 업장을 청정케 한 분(能淨業障分)

1.

"수보리여, 선남자 선여인이 이 경전을 받고 지니며 읽고 외웠는데도 남한테 천대와 멸시를 받는다면 그 사람은 전생에 죄업으로 악도에 떨어져야 했지만, 금생에 남에게 천대와 멸시를 받는 것으로 전생의 죄업이 소멸되고 반드시 아뇩다라삼먁삼보리를 얻을 것이다."

○

이 대목의 뜻은 반야의 높은 위신력이 중생의 업장을 녹여주고 번뇌에 얽힘을 벗어나게 해주는 것을 찬탄한 것이다. 그러나 죄업만 소멸되는 것이 아니라 나아가서 아뇩다라삼먁삼보리까지 성취하는 것이다.

2.

"수보리여, 기억해보면 연등불을 만나기 전 과거 무량한
아승지겁 동안에 팔백 사천 만억 나유타[1]의 제불을 만
나서 모두 공양하고 섬기며 그냥 지나친 적이 없었다. 만
약 또 어떤 사람이 후말세에 이 경전을 받고 지니며 읽고
외워서 얻은 공덕과 비교하면 내가 제불께 공양한 공덕은
그 백 분의 일도 안 되고, 천만 억 분의 일도 안 되며, 나아
가서 산술 비유로도 미치지 못한다. 수보리여, 만일 선남
자 선여인이 후말세에 이 경전을 받고 지니며 읽고 외워
서 얻는 공덕을 내가 자세하게 말한다면 혹 그것을 듣는
사람은 곧 마음이 미쳐버리고 의심하여 믿지 못할 것이
다. 수보리여, 이 경전의 뜻이 불가사의하고 그 과보도 또
한 불가사의한 줄을 알아야 한다."

---

1   용성 스님은 본 역에서 "나유타에 대하여 말하면 10억이 1낙차이고
     10낙차가 1구지가 되고 10구지가 1나유타가 된다"고 말한다.

○

이 대목의 뜻은 깨달은 사람은 자연히 업장이 소멸되고
일념에 부처님의 지혜와 계합되어 아뇩다라삼먁삼보리
를 성취하는 까닭에 반야공덕般若功德이 불가사의하다는
것이다. 이 경전의 초두에서 수보리가 어떻게 그 마음을
항복받는가를 질문하였다. 그래서 여기에 이르기까지 범
부 및 중생의 집착을 타파하고 바로 불성을 드러내 보였
다. 그러나 아집我執과 법집法執에도 거칠고 미세함이 있
으니 이미 거친 것에 대해서는 타파했지만, 이하부터는
미세한 아집과 법집을 타파해준다. 그러나 증득한 지혜
가 아상我相이 되고, 증득한 경계가 인상人相이 되고, 깨
달은 것이 중생상衆生相이 되고, 깨달음을 잊지 못하여
상속되는 것이 수자상壽者相이 되는데 이 사상四相은 지
극히 미세하다. 만약 이 아집이 타파되면 상相을 통해서
불과佛果를 추구할 것이 없다. 그래서 모든 사람이 경멸
과 모욕을 준다 할지라도 아상에 대한 집착을 벗어났기
때문에 추호도 경계의 바람에 움직이지 않는다.

17. 구경에 아가 없는 분(究竟無我分)

1.

그때 수보리가 부처님께 말씀드렸다.

"세존이시여, 아뇩다라삼먁삼보리심을 일으킨 선남자 선여인은 마땅히 어떻게 안주하고 어떻게 그 마음을 항복받아야 합니까."

부처님께서 말씀하셨다.

"만약 선남자 선여인으로서 아뇩다라삼먁삼보리심을 일으킨 사람은 마땅히 다음과 같이 마음을 일으켜야 한다. '나는 반드시 일체중생을 멸도하리라. 일체중생을 멸도시켰지만 실제로는 어떤 중생도 멸도를 얻은 자가 없다.'"

○

이 대목의 뜻은 어떤 법에 의탁하여 안주하고 어떻게 그
마음을 다스려야 하는가를 질문한 것이다. 이에 대하여
부처님께서는 다시 대답하셨다.
"마땅히 일체중생을 제도할 마음을 일으키고, 또한 일체
중생을 제도하되 내가 제도했음을 보지 말아야 한다."

2.

"수보리여,[1] 왜냐하면 만약 보살에게 아상·인상·중생
상·수자상이 있으면 곧 보살이 아니기 때문이다. 수보리
여, 왜냐하면 실로 아뇩다라삼먁삼보리심을 일으킬 만한
법은 없기 때문이다."

---

1   용성 스님 번역본 원문에는 '수보리'가 누락되어 있어 보충한다.

○

이 대목의 이하부터는 바로 미세한 아집과 법집을 타파
해준다. 아상과 인상이 있어서 능소能所가 끊어지지 않으
면 그는 진정한 보살이 아니다.

3.

"수보리여, 어떻게 생각하느냐. 여래가 연등불 처소에서 터득한 아뇩다라삼먁삼보리가 있었느냐."

"아닙니다. 세존이시여. 제가 부처님께서 설하신 뜻을 이해하기로는 부처님께서 연등부처님 처소에서 터득한 아뇩다라삼먁삼보리라 할 법이 없습니다."

부처님께서 말씀하셨다.

"그래, 그렇다. 수보리여, 여래가 아뇩다라삼먁삼보리를 터득한 법은 없다. 수보리여, 여래가 아뇩다라삼먁삼보리를 터득한 법이 있었다면 연등불은 나한테 그대는 내세에 석가모니라는 이름의 부처가 될 것이라고 수기하지 않았을 것이다. 아뇩다라삼먁삼보리를 터득한 법이 실제로 없었으므로 연등불은 나한테 그대는 내세에 반드시 석가모니라는 이름의 부처가 될 것이라고 수기하였다."

○

이 대목의 뜻은 가히 얻을만한 보리가 없음을 보여서 깨
달음에 집착하는 것을 타파해준 것이다. 수보리가 다음
과 같이 의심하였다.
'여래께서는 연등불 처소에서 법을 깨친 것이 아닌가.'
이에 세존께서는 그 분별을 곧 타파해주시고 실로 깨친
법이 없음을 보여주셨다.

4.

"왜냐하면 여래란 제법의 진여라는 뜻이기 때문이다. 수보리여, 만약 어떤 사람이 여래는 아뇩다라삼먁삼보리를 터득하였다고 말한다 해도 여래에게는 아뇩다라삼먁삼보리를 터득한 법이 실제로 없다. 수보리여, 여래가 터득한 아뇩다라삼먁삼보리에는 실다움도 없고 허망함도 없다. 그러므로 여래는 일체법을 모두 불법이라고 설한다. 수보리여, 일체법이라 말한 것은 곧 일체법이 아니므로 일체법이라 말한 것이다. 수보리여, 비유하면 사람의 몸이 장대한 것과 같다."

수보리가 말씀드렸다.

"세존이시여. 여래께서 사람의 몸이 장대하다고 말씀하신 것은 곧 장대한 몸이 아니라 그 이름이 장대한 몸입니다."

○

수보리가 마음속으로 다음과 같이 의심하였다.
'반야법은 성불하는 가르침인데 그것이 없다고 말씀하신다. 반야가 없다면 성불의 인因이 없는 것 아닌가.'
이에 여래께서는 "법신은 인과因果의 지배를 받는 것이 아니다"라고 말씀하셨다. 그러나 오히려 그것을 깨닫지 못할까 염려되어 "무슨 까닭에 보살에게 얻은 것이 없느냐"고 되물었다. 여래란 형상을 통하여 이해되는 것이 아니다. 일체법의 당체가 있는 그대로 진리라는 뜻이다. 또한 제법은 본디 스스로 여여한 것인데 그것을 어찌 닦고 어찌 증득할 수 있겠는가. 때문에 조사선의 문중에서는 "그 도리는 삼세제불도 알지 못한다"고 말한다. 이런 까닭에 여래 및 보리는 하나도 취할 것이 없다. 그러면서도 무릇 제법에 대하여 단견斷見과 상견常見의 두 가지 소견에 전도되지 않는다.(단견은 모든 없는 것에 집착하는 것이고, 상견은 모든 있는 것에 집착하는 것이다)

5.

"수보리여, 보살도 또한 그와 같다. 만약 보살 자신이 반드시 한량없는 중생을 제도할 것이라고 말한다면 그것은 보살이 아니다. 수보리여, 왜냐하면 실로 보살이라 할 만한 존재(法)가 없기 때문이다. 이런 까닭에 여래는 일체법에 아가 없고 인이 없으며 중생이 없고 수자가 없다고 설한다. 수보리여, 만약 보살 자신이 반드시 불국토를 장엄할 것이라고 말한다면 그것은 보살이라 말할 수가 없다. 왜냐하면 여래가 불국토를 장엄한다고 말하는 것은 곧 장엄이 아니라 이름이 장엄이기 때문이다. 수보리여, 만약 보살이 무아법에 통달한다면 여래는 그를 진정한 보살이라 일컫는다."

○

이 대목은 법신에 아我가 없음을 보여서 지극히 미세한 '나'와 '법'이라는 두 가지 소견에 집착하는 것을 타파해 준 것이다. 수보리가 다음과 같이 의심하였다.

'법으로 중생을 제도하지 않으면 무엇으로 불국토를 장엄한단 말인가.'

이에 세존께서는 다음과 같이 말씀하셨다.

"자성은 항상 고요하고 항상 광명이 밝아서 불생불멸의 성품에 안락한 것이 진정한 불국토이지, 별도로 불국토를 장엄한다는 것은 없다. 참된 법계진성法界眞性을 깨닫지 못하고 밖으로 중생을 제도하려고 생각한다든가 청정한 불국토에 태어나려는 마음에 집착한다면 그것은 진정한 보살이라 말할 수가 없다."

또한 수보리가 마음을 항복받는 방법을 물으니, 세존께서는 다음과 같이 말씀하셨다.

"인상과 아상이 없는 것으로 마음을 항복받아야 한다. 또 색·성·향·미·촉·법과 내외에 집착이 없는 것으로 마음을 항복받아야 안주할 수 있다."

또한 세존께서는 "실로 여래는 아뇩다라삼먁삼보리를 얻

은 것이 없다" 내지 "일체법이 곧 법이 아니다" 내지 "큰 몸이 곧 큰 몸이 아니다" 내지 "그러한 보살에게는 불佛 과 법法과 승僧의 세 가지가 모두 공으로서 실이 없다"고 말씀하셨다.

이런 까닭에 일체법에 아我가 없고 인人이 없고 중생衆生 이 없고 수자壽者가 없다. 그래서 세존께서는 말씀하셨다. "무아無我에 통달하면 그를 진정한 보살이라고 일컫는다."

18. 일체로 보는 분(一體同觀分)

1.

"수보리여, 어떻게 생각하느냐. 여래에게 육안肉眼이 있
느냐."
"그렇습니다. 세존이시여. 여래에게는 육안이 있습니다."

○

육체의 눈에 청정한 색근色根이 있어서 막혀있는 안쪽만
보는 것을 육안이라 한다. 이에 부처님께서는 제근諸根이
구족되어 있다고 말씀하신다.

2.

"수보리여, 어떻게 생각하느냐. 여래에게 천안天眼이 있느냐."

"그렇습니다. 세존이시여. 여래에게는 천안이 있습니다."

○

천안은 막혀있는 사물을 모두 보는 것이다. 이에 부처님
께서는 모든 허공과 모든 세계를 마치 손바닥에 있는 작
은 앵두 하나 정도로 보신다.

3.

"수보리여, 어떻게 생각하느냐. 여래에게 혜안慧眼이
있느냐."
"그렇습니다. 세존이시여. 여래에게는 혜안이 있습니다."[1]

1   용성 스님 해석본에는 "그렇습니다. 세존이시여. 여래에게는 혜안이 있
     습니다"는 대목이 누락되어 있어 여기에 보충한다.

○

청정한 대지혜로 무상진리를 비추어 꿰뚫어 보는 것을
혜안이라 말한다.

4.

"수보리여, 어떻게 생각하느냐. 여래에게 법안法眼이 있
느냐."
"그렇습니다. 세존이시여. 여래에게는 법안이 있습니다."

○

여래께서는 후득지혜가 있어서 만사를 명철하게 비추어
보고 모든 대소의 근기를 따라서 그에 상응하는 설법을
해주는 까닭에 법안이라 말한다.

5.

"수보리여, 어떻게 생각하느냐. 여래에게 불안佛眼이
있느냐."
"그렇습니다. 세존이시여. 여래에게는 불안이 있습니다."[2]

2   여기에서 말하는 오안五眼은 마음 내지 깨침의 경지를 다섯으로 나눈
      것이다. 육안은 현재의 색을 보는 눈이고, 천안은 미래와 과거의 시간
      을 보는 눈이고, 혜안은 사성제의 도리를 깨치고 공을 터득한 눈이고,
      법안은 제법무아의 도리를 깨쳐 평등을 터득한 눈이고, 불안은 일체의
      번뇌를 영원히 단절하고 아뇩다라삼막삼보리를 터득한 눈이다.

○

위에서는 집착이 없고 아我가 없다는 뜻을 설명하였다. 여기에서는 다섯 종류의 눈(五眼)을 들어서, 여래의 지견이 광대하여 진사세계塵沙世界[3]에 있는 중생들의 인연과 선악, 그리고 그들 마음에 들어있는 차별을 하나도 남김없이 알아서, 중생으로 하여금 전도견顚倒見[4]을 버리고 무주대도에 계합하도록 해준다는 것을 설명한다. 위의 육안·천안·혜안·법안은 모두 불안에 구족되어 있다. 또 불성은 원만하고 지극하므로 불안이라 말한다. 또 색신 가운데 법신이 있는데 그것이 곧 육안이다. 자성을 명철하게 보아 능소能所의 분별심이 없는 것이 천안이다. 큰 지혜광명으로써 일체중생이 각각 반야 성품을 구비하고 있는 줄을 보는 것이 혜안이다. 일체의 불법이 본래부터 갖추어져 있음을 보는 것이 법안이다. 반야바라밀로 일체법을 발생하는 것이 불안이다.

3   진사세계는 먼지와 모래알 수처럼 무수히 많은 세계
4   전도견은 도리에 어긋난 잘못된 견해

6.

"수보리여, 어떻게 생각하느냐. 여래는 항하의 모든 모래
에 대하여 그 모래를 설했느냐."
"그렇습니다. 세존이시여. 여래는 모래에 대하여 설하셨습
니다."

○

항하의 모래알 수효는 많은 수를 의미한다.

7.

"수보리여, 어떻게 생각하느냐. 한 항하의 모래가 있고 그
모래 수만큼의 항하가 있는데 저 모든 모래 수만큼의 불
세계가 있다면 그것은 얼마나 많겠느냐."
"대단히 많습니다. 세존이시여."

○

항하는 인도국 가운데 부처님께서 계셨던 기원정사 옆의
길가에 있는 물 이름인데 그 넓이가 무려 사십 리에 이른
다. 항하의 모래 수만큼의 또 항하가 있는데, 그들 항하
의 제곱이 되는 모든 모래 수를 말한다.

8.

부처님께서 수보리에게 말씀하셨다.

"그 국토에 있는 중생의 갖가지 마음(若干種心)을 여래는
다 안다."

○

약간若干이란 말은 다양하고 많다는 뜻인데 여기에는 두
가지 측면이 있다. 하나는 더러운 마음의 측면이고 다른
하나는 청정한 마음의 측면이다. 고인(己和得通)이 말했다.

"여래께서 지닌 마음의 달이
모든 찰해를 비추어 주도다.
찰해가 모두 하나로 모이니
모든 마음 한 점 구름이로다."[5]

5   기화, 『금강반야바라밀경오가해설의』 권하, 한국불교전서7, p.82상
      "如來心地月 照臨諸刹海 刹海都一撮 諸心一點雲"

9.

"왜냐하면 여래가 말한 모든 마음은 곧 마음이 아니라 이름이 마음이기 때문이다."

○

육조가 말씀하셨다.

"그 국토 가운데 사는 모든 중생들의 낱낱 중생심에는
모두 갖가지 차별하는 마음이 있다. 비록 그 차별하는
마음이 다양할지라도 그것은 모두 허망심이다. 허망심이
진심이 아님을 알면 그 명칭이 곧 본디마음이다. 그 본디
마음이야말로 곧 진심眞心이고 상심常心이고 불심佛心이고
반야바라밀심般若波羅蜜心이고 청정한 보리의 열반심涅槃
心이다."[6]

6   기화, 『금강반야바라밀경오가해설의』 권하, 한국불교전서7, p.82중-하
     "尔所國土中 所有衆生 一一衆生 皆有若干差別心數 心數雖多 捴名妄
     心 識得妄心非心 是名爲心 此心即是眞心常心佛心般若波羅蜜心淸淨
     菩提涅槃心也"

10.

"수보리여, 왜냐하면 과거심도 얻지 못하며, 현재심도 가히 얻지 못하며, 미래심도 가히 얻지 못하기 때문이다."

○

이 대목은 마음과 부처와 중생의 세 가지에 차별이 없음을 보여준 것이다. 수보리가 다음과 같이 의심하였다.

'부처님에게는 오안이 두루 갖추어져 있기에 장차 법을 볼 것이다. 그리고 세계의 중생은 모두 마음을 지니고 있다. 그런데 세존께서는 이미 갖추고 있는 육안과 천안과 혜안과 법안과 불안에 대하여 그것은 다 눈이 아니라고 말씀하신다. 이것은 무릇 중생의 마음을 보는 것이 곧 여래의 마음이라는 말씀이다. 또 항하의 모래 수만큼의 세계에 있는 모든 모래 수처럼 한량이 없는 중생의 갖가지 마음을 여래께서는 다 알고 다 본다. 이것은 여래의 자심自心이 곧 중생이라는 것이다. 때문에 중생에게 일념이 일어나는 것은 곧 여래의 자심이 일어나는 것이므로 어찌 그것을 보지 못하고 알지 못하겠는가.'

수보리는 또 다음과 같이 의심하였다.

'중생의 마음에 생멸生滅이 있으면 여래의 마음에도 생멸이 있는 것이 아닌가.'

이에 세존께서 말씀하셨다.

"중생의 마음은 본래 여여하여 생멸이 없으므로 여래의

마음과 더불어 평등하고 적멸하다. 때문에 여래와 중생이 담연부동湛然不動하여 나고 죽고 가고 오는 일체의 상이 없으므로 마음과 부처와 중생의 세 가지는 차별이 없다. 이에 과거나 현재나 미래에서 마음을 찾아보아도 결코 찾을 수가 없다. 또 이것은 영원히 불변하는 미묘하고 원만한 마음(常住妙圓心)을 나타낸 것이다. 만일 모든 마음이 망령된 마음이고 참 마음이 아니라면 어떤 것이 지나간 마음이고, 어떤 것이 현재의 마음이고. 어떤 것이 미래의 마음인가. 과거의 마음과 현재의 마음과 미래의 마음을 찾을 수가 없으므로 삼세의 마음은 모두 찾을 수가 없다. 그러고 보면 삼세의 마음은 전체적으로 묘원진심이다. 그래서 그 광명이 삼세에 통하고 그 체가 시방에 두루하고 모래 수만큼의 중생의 차별하는 마음이 곧 그대로 여래의 묘원진심이므로 차별이란 전혀 없다."

19. 법계 통화하는 분(法界通化分)

1.

"수보리여, 어떻게 생각하느냐. 만약 어떤 사람이 삼천대
천세계에 칠보를 가득히 채워서 보시한다면 이 사람은 그
인연으로 얻는 복덕이 많겠느냐"

"그렇습니다. 세존이시여. 이 사람은 그 인연으로 얻는 복
덕은 대단히 많을 것입니다."

"수보리여, 복덕이 실로 있다면 여래는 얻는 복덕이 많다
고 말하지 않았을 것이다. 복덕이 없기 때문에 여래는 얻
는 복덕이 많다고 말한 것이다."

○

수보리가 다음과 같이 의심하였다.

'세존께서는 이왕에 집착을 타파하였기 때문에 가히 장
엄할 불국토가 없고 가히 제도할 중생이 없다고 말씀하
신다. 이처럼 중생과 국토가 모두 공空이라면 보시를 해
도 복덕이 없을 것이다. 그러고 보면 또 수행할 것도 없
을 것이다.'

이에 세존께서는 "복덕 없는 그 복덕이야말로 대단히 큰
복덕"이라고 말씀하셨다.

20. 색을 여의고 상을 여읜 분(離色離相分)

1.

"수보리여, 어떻게 생각하느냐. 여래를 구족색신具足色身을 통해서 볼 수가 있겠느냐."

"아닙니다. 세존이시여. 여래를 구족색신을 통해서 볼 수는 없습니다. 왜냐하면 여래께서 말씀하신 구족색신은 곧 구족색신이 아니라 이름이 구족색신이기 때문입니다."

"수보리여, 어떻게 생각하느냐. 여래를 구족제상具足諸相을 통해서 볼 수가 있겠느냐."

"아닙니다. 세존이시여. 여래를 구족제상을 통해서 볼 수는 없습니다. 왜냐하면 여래께서 말씀하신 구족제상은 곧 구족제상이 아니라 이름이 구족제상이기 때문입니다."

○

부처님의 삼십이상과 팔십종호는 거울 속의 형상과 같아서 본디 상호가 없지만 상호를 나타낸 것이다. 부처님의 진상이 법신인 줄을 보지 못하고, 무릇 삼십이상과 팔십종호의 자마금색신紫摩金色身[1]을 여래의 진신이라고 집착하는 까닭에 여래께서는 다음과 같이 말씀하셨다.

"구족색신이 곧 구족색신이 아니고 구족제상이 곧 구족제상이 아니라 그 명칭이 구족제상이다. 또 구족색신은 만덕으로 보신을 장엄한 여래로서 온갖 중생을 제도하여 불국토를 장엄하는 까닭에 이 삼십이상과 팔십종호의 과보를 감득하였다. 때문에 여래가 구족색신을 말하지만 그 보신불의 근본이 법신불인 까닭에 구족색신이 아니라고 말한다. 또 법신과 보신이 하나이지 둘이 아닌 까닭에 그 명칭이 구족색신이다."

여기에서 보는 것처럼 먼저 상의 경계를 타파하고 나중에 상을 보는 주체 곧 지혜를 타파하고 있다. 이에 보신이 곧 법신이므로 상의 경계를 볼 것이 없고, 지혜의 체가 여여한 까닭에 보는 병이 녹는다. 이처럼 지혜와 경계

1   자마금색신은 여래의 몸을 가리킨다.

가 둘이 아닌 까닭에 법신이 스스로 드러난다. 부처님께서 "그것이 아니다"라고 부정한 것은 모두 한편으로는 다막아서 일물도 용납하지 못하게 하는 것이고, 한편으로는 다 터놓고 모든 것을 구원한 것이다. 이것은 곧 시비是非의 구렁텅이에 빠질까 염려하신 까닭에 여래께서 중생의 마음병을 막아서 보살피고 분별의 소견을 일으키지 못하도록 하여 허망한 생각을 아주 버려서 집착하지 못하게 한 것이다.

21. 설하되 설할 바 없는 분(非說所說分)

1.

"수보리여, 그대는 '여래께서 설법한 적이 없다'고 말하지
말고, 또 그런 생각도 하지 말라. 왜냐하면 어떤 사람이
'여래께서 설법하였다'고 말한다면 곧 여래를 비방하는
것으로 내가 설한 것을 알지 못했기 때문이다. 수보리여,
설법이란 설할 만한 법이 없으므로 이름을 '설법한다'고
말한다."

○

신체의 형상을 통해서는 진정한 여래를 보지 못한다는
부처님의 설법을 듣고 수보리가 다음과 같이 마음속으
로 의심하였다.

'신체의 형상이 없다면 도대체 그 누가 설법을 하는 것
인가.'

이에 부처님께서 "가히 설할 법이 없다"는 것으로 그 의
심을 타파해주셨다. 이처럼 부처님께서는 무릇 중생의
허망한 마음을 따라서 방편으로 타파해주기 때문에 경
문의 여러 대목에 비非 내지 불不이라는 부정의 말씀이
등장한다. 이것은 곧 중생의 망상을 막아서 끊게 해주어
올바르게 살펴주고 호념하는 것에 해당한다. 때문에 '설
법이란 설할 만한 법이 없으므로 설법이라 말한다'고 하
셨다.

2.

그때 혜명 수보리가 부처님께 말씀드렸다.

"세존이시여. 미래세에 이 설법을 듣고 신심을 일으킬 중
생이 조금이라도 있겠습니까."

부처님께서 말씀하셨다.

"수보리여, 저들은 중생이 아니고 중생이 아닌 것도 아니
다. 수보리여, 왜냐하면 중생 중생이란 여래가 중생이라
말한 것이 아니라 곧 이름이 중생이기 때문이다."

○

이 대목의 뜻은 수보리가 법신의 성품은 말이 없고 보일
것이 없어서 그 법이 대단히 심오함을 깨달았지만, 무릇
미래의 중생이 그것을 믿지 못할까 의심한 것이다. 이것
은 수보리가 생멸의 소견을 벗어나지 못하는 까닭에 미
래의 중생이라는 집착을 일으킨 것이다.

여기에서 세존께서 답변하신 뜻은 중생이 본디 여여하
여 법으로 평등한 것인데 어찌 미래의 상이 있겠는가 하
는 것이다. 중생이 본디 여여하기 때문에 그것을 중생이
아니라고 말씀하시고, 진여가 인연을 따라서 모든 것을
성취하는 까닭에 중생도 아니고 중생 아닌 것도 아니라
고 말씀하신 것이다.

22. 법을 가히 얻을 것 없는 분(無法可得分)

1.

수보리가 부처님께 말씀드렸다.

"세존이시여. 부처님께서 아뇩다라삼먁삼보리를 얻었습니까. 얻은 바가 없습니까."

부처님께서 말씀하셨다.[1]

"그래, 그렇다. 수보리여, 나는 아뇩다라삼먁삼보리 내지 소소한 어떤 법도 얻은 것이 없으므로 곧 이름이 아뇩다라삼먁삼보리이다."

---

[1] 『상역과해금강경』에는 들어 있지만, 여기 『신역금강경』에는 "부처님께서 말씀하셨다(佛言)"는 말이 누락되어 있어서 여기에 보충해둔다. 참고로 구마라집본에는 이에 해당하는 "부처님께서 말씀하셨다(佛言)"는 대목이 없다.

○

육조가 말씀하셨다.

"집착심이 사라지면 그것이 곧 깨침이다."[2]

부처님께서 말씀하셨다.

"그래, 그렇다. 저 보리에는 실로 희구심이 없고 또 보리를 얻었다는 마음도 없다. 이런 까닭에 아뇩다라삼먁삼보리라 말한다."

2   기화, 『금강반야바라밀경오가해설의』 권하, 한국불교전서7, p.87중
     "所得心盡 卽是菩提"

23. 정심행선분(淨心行善分)

1.

"수보리여, 또한 이 법은 평등하여 높고 낮음이 없으니 곧 이름이 아뇩다라삼먁삼보리이다. 아我가 없고 인人이 없고 중생衆生이 없고 수자壽者가 없이 일체의 착한 법을 닦음으로써 아뇩다라삼먁삼보리를 얻는다. 수보리여, 여래가 설한 착한 법이란 착한 법이 아니므로 곧 이름이 착한 법인 것이다."

○

수보리가 마음속으로 다음과 같이 의심하였다.

'법신에는 상이 없고 법도 없다. 그런데 법신은 어떻게
착한 법을 닦아서 아뇩다라삼먁삼보리를 증득하는 것
인가.'

이에 부처님께서 말씀하셨다.

"실로 얻는 법이 없는 까닭에 중생과 제불이 평등하여
둘이 없고 다름이 없다. 그것이 보리인데 어찌 실로 증득
한 법이 있겠는가. 그러나 여래가 그대들에게 일체의 선
법善法을 닦아서 아뇩다라삼먁삼보리를 얻는다고 말한
것은 아상·인상·중생상·수자상의 사상이 없이 닦는 것
을 가리킨다. 때문에 보살은 무량겁 동안 닦아도 닦는 것
이 없다. 그러므로 아뇩다라삼먁삼보리를 얻을 것이 없
다고 말한 것이다."

24. 복지가 비할 데 없는 분(福智無非分)

1.

"수보리여, 만약 어떤 사람이 삼천대천세계에 있는 모든 수미산왕만큼의 칠보 무더기를 가지고 보시한다고 하자. 어떤 사람이 이 반야바라밀경 내지 사구게 등을 받고 지니며 읽고 외워서 다른 사람을 위해 설해준다고 하자. 그러면 앞의 복덕은 이 복덕의 백분의 일에도 미치지 못하고, 천분의 일 만분의 일 억분이 일에도 미치지 못하며, 내지 산수算數나 비유로도 미치지 못한다."

○

수보리가 마음속으로 다음과 같이 의심하였다.

'착한 법을 닦아도 아뇩다라삼먁삼보리를 얻지 못하는
데 도대체 어떤 법이 제일 뛰어나다는 것인가.'

이에 부처님께서 말씀하셨다.

"반야바라밀에 통달하면 그것이 가장 뛰어나다."

25. 화하여도 화하는 바 없는 분(化無所化分)

1.

"수보리여, 어떻게 생각하느냐. 그대들은 여래 자신이 중생을 제도하리라는 생각을 한다고 말하지 말라. 수보리여, 그런 생각도 하지 말라. 왜냐하면 여래가 제도한 중생은 실로 없기 때문이다. 만약 여래가 제도한 중생이 있다면 여래에게도 아我·인人·중생衆生·수자壽者라는 집착이 있는 것이다. 수보리여, 여래는 아我에 대한 집착은 곧 아에 대한 집착이 아니라고 설하였다. 그런데도 범부는 아에 집착을 한다. 수보리여, 범부라는 것도 여래가 범부라 말한 것이 아니라 이름이 범부일 뿐이다."

○

수보리가 다음과 같이 의심하였다.

'위에서 중생과 제불諸佛이 없다고 말했다면 여기에서 중생이 없어야 하는 것 아닌가. 그런데도 어째서 여래께서는 중생을 제도한다고 말씀하시는가. 이것은 여래에게 아상과 인상과 중생상과 수자상이 있다는 증거가 아닌가.'

이에 세존께서 말씀하셨다.

"여래께서 중생을 제도하겠다는 생각이 있다는 그런 생각을 하지 말라. 여래에게 그와 같은 생각이 있다면 곧 범부일 것이다. 여래가 말한 범부조차 범부가 아니거늘 어찌 여래에게 아상과 인상과 중생상과 수자상이 있겠는가. 성현과 범부가 모두 없는 까닭에 대도大道가 평등하다. 이에 여래가 아我라고 말한 것은 자성이 청정한 상락아정常樂我淨[1]에서 말하는 아我이지 범부의 입장에서 말하는 탐진, 무명, 허망한 아我가 아니다."

---

1   상락아정은 열반을 성취했을 때 드러나는 그 네 가지 속성을 가리킨다.

26. 법신이 상 아닌 분(法身非相分)

1.

"수보리여, 어떻게 생각하느냐. 삼십이상三十二相을 통해서
여래를 볼 수가 있느냐."

"예, 그렇습니다. 삼십이상을 통하여 여래를 볼 수가 있습
니다."

○

싹을 보면 그 뿌리를 안다. 법신으로부터 형상이 나왔다
면 그 형상을 벗어나야 무상법신을 증득한다. 그렇지만
수보리가 중생을 위하여 짐짓 미혹함을 보여준다.

2.

부처님께서 말씀하셨다.

"수보리여, 만약 삼십이상을 통해서 여래를 볼 수가 있다
면 전륜성왕도 여래이겠구나."

수보리가 부처님께 말씀드렸다.

"세존이시여. 제가 부처님께서 설하신 뜻을 이해하기로
는 결코 삼십이상을 통하여 여래를 볼 수는 없습니다."

그때 세존께서 게송을 설하여 말씀하셨다.

"색으로 나를 보려 한다거나

음성으로 나를 구하려 하면

이 사람은 사도를 행함이니

결코 여래를 보지 못하리라."

○

수보리가 다음과 같이 의심하였다.

'법신에는 아상이 없고, 보신도 형상을 통해서는 볼 수가 없다면 지금 내가 친견하고 있는 여래의 삼십이상이야말로 화신불이 아니겠는가.'

세존께서는 수보리의 의심을 알아차리고 짐짓 다음과 같이 따져 물으셨다.

"삼십이상을 통해서 진정한 여래를 볼 수가 있겠느냐."

수보리가 말씀드렸다.

"삼십이상을 통해서 여래를 볼 수가 있습니다."

이에 세존께서 말씀하셨다.

"그대의 말대로라면 전륜성왕도 여래이겠구나."

그리고는 그것을 일깨워주려고 게송을 말씀하신 것이다.

27. 끊는 것도 없고 멸함도 없는 분(無斷無滅分)

1.

"수보리여, 그대가 만일 여래는 구족상을 갖추지 않았기 때문에 아뇩다라삼먁삼보리를 얻었다는 생각이 들더라도, 수보리여, 여래가 구족상을 갖추지 않았기 때문에 아뇩다라삼먁삼보리를 얻었다고 생각하지 말라.

수보리여, 그대가 아뇩다라삼먁삼보리심을 일으킨 자가 제법의 단멸을 설한다는 생각이 들더라도 그런 생각을 해서는 안 된다. 왜냐하면 아뇩다라삼먁삼보리심을 일으킨 자는 제법에 대하여 단멸상을 말하지 않기 때문이다."

○

이 대목은 단멸이라는 소견을 없애주는 것에 대한 설명이다. 수보리는 법신과 보신에 상이 없고 응신과 화신은 진정한 여래가 아니라는 말을 듣고서 단멸의 소견(단멸은 없다는 것에 집착한 것이다. 이에 영원히 단절되어 나무와 돌과 같다고 간주하는 것이다)을 일으켜서 법신에 참다운 아我가 없음을 통달하지 못하였다. 이에 부처님께서 단멸이 아닌 것으로 수보리의 소견을 타파해주신 것이다.

그런 까닭에 여래께서는 다음과 같이 말씀하셨다.

"여래는 모든 상을 구족하지 않은 까닭에 아뇩다라삼먁삼보리를 터득하였는가'라는 그런 생각을 하지 말라. 만약 그런 생각을 한다면 제법에 대하여 단멸의 소견이 일어날 것이다. 진정한 아뇩다라삼먁삼보리심을 일으킨 자는 제법에 대하여 단멸의 소견을 일으키지 않고 무릇 일체법에 대하여 아我가 없는 줄을 안다.

28. 받지 않고 탐하지 않는 분(不受不貪分)

1.

"수보리여, 어떤 보살은 항하의 모래 수만큼 세계에 칠보를 가득 채워서 그것을 가지고 보시한다. 또 어떤 사람은 일체법이 무아임을 알아서 인욕을 성취한다. 그러면 이 보살의 공덕이 저 보살의 공덕보다 뛰어나다. 수보리여, 왜냐하면 이 보살은 복덕을 받지 않기 때문이다."

수보리가 부처님께 말씀드렸다.

"세존이시여. 어찌 보살은 복덕을 받지 않습니까."

"수보리여, 보살은 자신이 지은 복덕에 탐착하지 않으므로 복덕을 받지 않는다고 말한다."

○

"만약 또 어떤 사람이 일체법에 대하여 아我가 없는 줄
을 알아서 인욕을 성취하면 그 복덕은 무량한 칠보로써
보시하는 것보다 뛰어나다. 보살이 복덕을 받지 않는다
는 것은 복덕이 없다는 뜻이 아니라 무릇 복덕에 대하여
염착심이 없다는 뜻이다. 천상세계에서나 인간세계에서
나 항상 아我에 집착하는 까닭에 여래는 그 집착을 제거
해주고 무상대도無上大道로 나아가게 해준다."

29. 위의 적정한 분(威儀寂靜分)

1.

"수보리여, 만일 어떤 사람이 '여래는 오고 가며 앉고 눕는다'고 말하면 그 사람은 내 설법의 뜻을 이해하지 못한 것이다. 왜냐하면 여래란 오는 바도 없고 가는 바도 없으므로 이름이 여래이기 때문이다."

○

수보리가 다음과 같이 의심하였다.

'아我가 없으면 복덕을 받는 자도 없을 것이다. 그런데도 여래께서 걷고(行)·머물고(住)·앉고(坐)·눕는다(臥)는 것은 여래의 아我가 아닐까.'

이것은 삼신이 하나라든가 다르다든가 하는 분별의 소견을 벗어나지 못해 평등법신을 깨닫지 못한 것이다.

30. 일합상분(一合理相分)

1.

"수보리여, 어떤 선남자 선여인이 삼천대천세계를 부수어 미진을 만든다면 어떻게 생각하느냐. 그 미진들이 얼마나 많겠느냐."

수보리가 말씀드렸다.

"대단히 많습니다. 세존이시여. 왜냐하면 만약 미진들이 실제로 있다면 여래께서는 곧 미진들이라고 말씀하지 않았을 것입니다. 왜냐하면 여래께서 설하신 미진들은 곧 미진들이 아니라 곧 이름이 미진들이기 때문입니다."

○

하나라든가 다르다든가 하는 분별의 소견을 벗어나지
못하여 삼신이 일체一體임을 모르기 때문에 미진세계를
비유로 들어서 그것을 타파해준다.

2.

"세존이시여. 여래께서 설하신 삼천대천세계는 곧 세계가
아니라 곧 이름이 세계이기 때문입니다. 왜냐하면 만일 세
계가 실로 있다면 곧 일합상이겠지만, 여래가 말한 일합상
은 곧 일합상이 아니라 이름이 일합상이기 때문입니다."
"수보리여, 일합상이란 말할 수가 없는 것인데 무릇 범부
들이 그것에 탐착할 따름이다."

○

수보리가 삼신이 곧 일체인 줄을 알지 못하는 까닭에 세
존께서 말씀하셨다.

"미진으로 말하면 하나가 아니고, 세계로 말하면 다른
것이 아니다. 미진이 모여서 세계가 된 것이므로 다르지
만 다르지 않고, 세계가 흩어져 미진이 된 것이므로 곧
하나이지만 하나가 아니다. 이런 뜻으로 보자면 같다거
나 혹은 다르다고 할 것이 없다. 만약 실로 하나라든가
다르다든가 하는 상이 있다면 한쪽에 치우친 것이다. 하
나로써 합하면 다를 수가 없고 다른 것으로 합하면 하
나일 수가 없다. 또 만일 미진이 실로 있다면 그것이 모
여서 세계가 될 수가 없고 만약 세계가 실로 있다면 흩
어져서 미진이 될 수가 없다. 그런데도 어리석은 사람은
이것으로 일합상一合相[1]을 삼는다. 여래가 말한 일합상은
그와는 달리 양쪽에 치우친 것을 여읜 까닭에 일합상이
라 말한다. 양쪽을 여의면 말할 것이 없지만, 범부들은
있다든가 없다든가 하나라든가 다르다든가 하는 두 가
지 분별소견을 벗어나지 못하고, 오히려 탐착하는 까닭

1   일합상은 갖가지 사물을 전체적인 측면에서 파악하는 경우를 말한다.

에 삼신이 일체一體인 평등법신을 통달하지 못한 것이다."

31. 지견이 나지 아니한 분(知見不生分)

1.

"수보리여, 어떤 사람은 여래가 아견·인견·중생견·수자견을 설했다고 말한다. 수보리여, 어떻게 생각하느냐. 그 사람이 내가 설한 뜻을 이해했다 할 것인가."

"아닙니다. 세존이시여. 그 사람은 여래께서 설한 뜻을 이해하지 못한 것입니다. 왜냐하면 세존께서 설한 아견·인견·중생견·수자견은 곧 아견·인견·중생견·수자견이 아니라 이름이 아견·인견·중생견·수자견이기 때문입니다."

"수보리여, 아뇩다라삼먁삼보리심을 일으킨 자는 일체법에 대하여 반드시 이와 같이 알고 이와 같이 보며 이와 같이 믿고 이해하여 법상法相을 내지 않아야 한다. 수보리여, 법상에 대하여 여래는 곧 법상은 아니라고 말하였는데 이름이 법상이다."

○

수보리는 이미 평등법신을 깨달았다. 그러나 다시 '법신
은 본디 상이 없다. 그런데 어째서 세존께서는 사상四相
을 여의라고 하는가'라고 의심할까 염려하여 세존께서는
다음과 같이 물었다.
"가령 어떤 사람이 여래에게는 사상의 소견이 있다고 말
한다면 그 사람은 여래의 말씀을 제대로 이해한 것이냐."
이 대목에서 부정을 표시하는 비非라는 글자는 위에서
말해 온 모든 비非라는 글자와는 다르다. 이 대목에서 말
한 비非라는 글자는 아주 단절하라는 글자다. 곧 일체중
생은 견고한 집착을 타파하기가 어려운 까닭에 부처님의
금강지혜로 타파해준 것이다.

32. 응화신이 참이 아닌 분(應化非眞分)

1.

"수보리여, 만일 어떤 사람이 무량한 아승지 세계에 칠보를 가득 채워서 그것을 가지고 보시한다. 만일 어떤 선남자 선여인이 보리심을 일으켜서 이 경전을 지니고 내지 사구게 등을 받고 지니며 읽고 외워서 다른 사람을 위하여 연설해준다. 그러면 이 선남자 선여인의 복덕이 앞 사람의 복덕보다 뛰어나다. 그렇다면 다른 사람을 위하여 어떻게 연설해야 하겠는가. 상에 집착하지 말고 여여하고 부동해야 한다."

○

수보리는 이미 법신의 전체를 깨달았지만 다시 다음과
같이 의심하였다.

'법신은 법을 설하지 않는다. 법을 설하는 것은 화신이
다. 화신이 법을 설하는 것은 법신의 경계를 통달하지 못
한 것이 아니다. 그렇다면 어떻게 이 법을 가지고 복덕을
얻을 것인가.'

이에 부처님께서는 "화신이 설한 법은 진실로 동일한 법
인데 삼신이 일체一體인 줄을 수보리 그대가 모르고 있을
뿐이다"라고 말씀하셨다.

2.

"왜냐하면 일체의 유위법은 마치 꿈과 꼭두각시와 물거품과 그림자와 같고 이슬과 같고 또는 번개와 같으니 마땅히 이와 같이 보아야 한다."[1]

○

이것은 반야의 진공묘지眞空妙智[2]에 들어간 것을 설명한
것이다.

2   진공묘지는 진실한 공은 그대로 미묘한 지혜 곧 반야라는 것이다.

3.

부처님께서 이 경전을 모두 설하시니 장로 수보리와 모든
비구·비구니·우바새(청신사)·우바이(청신녀) 및 일체 세
간의 천상·인간·아수라들이 부처님의 설법을 듣고 모두
크게 환희하여 믿고 받으며 받들고 행하였다.[3]

---

3   이 대목은 경전의 삼단구성 가운데 유통분流通分에 해당한다.

경문

1. 청정한 대중이 법자리에 모인 이유(法會因由分)

이와 같이 내가 들었다. 한때에 부처님께서 사위나라 기
수급고독원에 계셨는데 대중 천이백오십 명과 같이하셨
다. 그때 세존께서 식시食時에 가사를 입고 발우를 가지
고 사위나라 큰 성에 들어가서 그 성중에서 차례로 걸식
을 마치고 본래의 처소로 돌아와서 공양을 마치고 가사
와 발우를 거두고 발을 씻고 나서 자리를 펴고 앉으셨다.

2. 수보리가 일어나 법을 청하는 분(善現起請分)

그때 장로 수보리가 대중 가운데 있다가 자리에서 일어나 오른쪽 어깨를 드러내고 오른쪽 무릎을 땅에 대고 합장하고 공경하는 자세로 부처님께 사뢰어 말씀하셨다.

"희유하십니다. 세존이시여. 여래께서는 모든 보살을 잘 호념하여 생각하시며, 모든 보살을 잘 부촉하십니다. 세존이시여. 아뇩다라삼먁삼보리심을 일으킨 선남자 선여인은 마땅히 어떻게 안주하고 어떻게 그 마음을 항복받아야 합니까."

부처님께서 말씀하셨다.

"착하고 착하다! 수보리여, 그대가 말한 것처럼 여래는 모든 보살을 잘 호념하고 생각하시며 모든 보살을 잘 부촉하신다. 그대는 이제 자세히 듣거라. 마땅히 그대를 위하여 말해주겠다. 아뇩다라삼먁삼보리심을 일으킨 선남자 선여인은 마땅히 다음과 같이 안주하고 이와 같이 머물며 이와 같이 그 마음을 항복받느니라."

"예, 그리하겠습니다. 세존이시여, 원컨대 즐겁게 듣고자 합니다."

3. 큰 법 바른 종 분(大乘正宗分)

부처님께서 수보리에게 말씀하셨다.

"모든 보살마하살은 이와 같이 그 마음을 항복받느니라. 있는 바 일체중생의 무리에 만약 알로 낳은 것이든지, 만약 태로 낳은 것이든지, 만약 습기로 낳은 것이든지, 만약 화합으로 낳은 것이든지, 만일 빛이 있는 것이든지, 만일 빛이 없는 것이든지, 만일 생각이 있는 것이든지, 만일 생각이 없는 것이든지, 만일 생각이 있는 것도 아닌 것과 생각이 없는 것도 아닌 것을 내가 다 남김없이 열반에 들어가게 하여 멸도시켰되(멸도라는 말은 중생의 색상을 멸하고 모든 불조佛祖의 청정한 깨달음의 자성이라는 언덕에 건너가는 것이다.) 이와 같이 한량이 없고 수가 없고 가없는 중생을 멸하여 제도케 하되, 실로 중생이 멸도를 얻은 자가 없다. 왜냐하면 수보리여, 만약 보살에게 아상, 인상, 중생상, 수자상이 있으면 곧 보살이 아니기 때문이다."

4. 묘행이 주함이 없는 분(妙行無住分)

"또한 수보리여, 보살이 저 법에 마땅히 머문 바 없이 보시를 행해야 한다. 이른바 색에 집착이 없이 보시하며, 소리와 향기와 맛과 부딪쳐 느끼는 것과 법에 집착이 없이 보시해야 한다. 수보리여, 마땅히 보살은 이와 같이 보시하되 상에 머물지 아니한다. 어떠한 연고인가. 만약 보살이 집착이 없이 보시하면 그 복은 가히 헤아릴 수 없기 때문이다. 수보리여, 어떻게 생각하느냐. 동방東方의 허공을 생각하여 헤아리겠느냐, 헤아리지 못하겠느냐."

"헤아리지 못합니다. 세존이시여."

"수보리여, 남방·서방·북방·사유·상하의 허공을 가히 생각하여 헤아리겠느냐, 헤아리지 못하겠느냐."

"헤아리지 못합니다. 세존이시여."

"수보리여, 보살이 상에 집착이 없이 보시하는 복덕도 또한 그와 같이 생각하여 헤아리지 못하니라. 수보리여, 보살은 무릇 부처님이 가르쳐주신 바와 같이 머물 것이다."

5. 이치와 같이 실다히 보는 분(如理實見分)

"수보리여, 어떻게 생각하느냐. 가히 몸의 형상으로 여래를 보겠느냐. 못보겠느냐."

"못보겠습니다. 세존이시여. 가히 몸의 형상으로는 여래를 볼 수가 없습니다. 왜냐하면 여래께서 말씀하신 몸 형상은 곧 몸 형상이 아니기 때문입니다."

부처님께서 수보리에게 말씀하셨다.

"무릇 모든 상相은 다 허망하다. 만일 모든 상이 상 아님을 본다면 곧 여래를 볼 것이다."

6. 정신하는 것이 희유한 분(淨信希有分)

수보리가 부처님께 사뢰어 말씀드렸다.

"세존이시여. 자못 중생들이 이와 같은 말씀과 글장과 글귀를 듣고 진실한 믿음을 내겠습니까. 못내겠습니까."

부처님께서 수보리에게 말씀하셨다.

"그런 말 하지 말라. 여래가 입멸한 이후 후오백세에도 계를 지니고 복덕을 닦는 자는 이 글장과 글귀에 믿음을 내고 진실한 말씀으로 삼을 것이다. 마땅히 알라. 이 사람은 일불이나 이불이나 삼·사·오불께 선근을 심었을 뿐만 아니라 이미 한량없는 천만 부처님 처소에서 모든 선근을 심었으므로 이 글장과 글귀를 듣고 잠깐이라도 청정한 믿음을 낼 것이다. 수보리여, 여래는 다 알며 다 보나니, 이 모든 중생이 이와 같은 한량이 없는 복덕을 얻으리라. 어떠한 연고인가? 이 모든 중생들이 다시 아상과 인상과 중생상과 수자상이 없으며, 법상이 없고 법 아닌 상도 없기 때문이다. 어떠한 연고인가? 이 모든 중생들이 만일 마음으로 상을 취하면 곧 나라는 것과 사람이라는 것과 중생이라는 것과 수자라는 것에 집착하는 것이고, 만일 법이라는 모양을 취해도 나라는 것과 사람이라는 것과 중생衆生이라는 것과 수자壽者라는 것에 집착하는 것이다. 만일 법이 아니라는 상을 취하여도 곧 아我와 인人과 중생과 수자에 집착하는 것이기 때문이다. 이런 까닭으로 마땅히 법에 취하지도 말며, 법 아닌 것을 취하지도 말아야 한다. 이에 여래는 늘 말했다. 그대 비구들이여, 내 설법은 뗏목과 같은 줄 알아야 한다. 법도 버려야 하거늘 하물며 비법이겠는가."

7. 얻은 것도 없고 말할 것도 없는 분(無得無說分)

"수보리여, 어떻게 생각하느냐. 여래가 아뇩다라삼먁삼보리를 얻었느냐. 여래가 말씀하신 바가 있느냐."

수보리가 말씀드렸다.

"제가 부처님께서 말씀하신 뜻을 이해하기로는 아뇩다라삼먁삼보리라 할 만한 정해진 깨침(法)이 없고, 또한 여래께서 설한 정해진 설법도 없습니다. 왜냐하면 여래의 설법은 모두 취할 수가 없고 설할 수도 없으며 법도 아니고 비법도 아니기 때문입니다. 왜냐하면 모든 성현들은 다 무위법無爲法에서 차별이 있기 때문입니다."

8. 법을 의지하여 출생하는 분(依法出生分)

"수보리여, 어떻게 생각하느냐. 어떤 사람이 삼천대천세계에 칠보를 가득 채워서 보시한다면 그 사람의 복덕이 얼마나 많겠느냐."

수보리가 말씀드렸다.

"대단히 많습니다. 세존이시여. 왜냐하면 그 복덕은 복덕성이 아닌 까닭에 여래께서는 복덕이 많다고 말씀하셨기 때문입니다."

"만일 또 어떤 사람이 이 경전의 사구게만이라도 받고 지니며 다른 사람에게 설해준다고 하자. 그러면 이 복덕이 저 복덕보다 뛰어나다. 어떠한 연고인가. 수보리여, 모든 부처님과 부처님의 아뇩다라삼먁삼보리의 가르침은 다 이 경전에서 나왔기 때문이다. 수보리여, 이른바 부처님의 가르침은 곧 부처님의 가르침이 아니다."

9. 상과 무상분(一相無相分)

"수보리여, 어떻게 생각하느냐. 수다원이 '나는 수다원의 도과를 얻었다'고 생각하겠느냐."

수보리가 말씀드렸다.

"아닙니다. 세존이시여. 왜냐하면 수다원은 '성자의 흐름에 들어간 자'라고 불리지만 들어간 것이 없고, 빛과 소리와 향기와 맛과 촉과 법에 들어간 것이 없기에 그 이름이 수다원이라 말하기 때문입니다."

"수보리여, 어떻게 생각하느냐. 사다함이 '나는 사다함의 도과를 얻었다'고 생각하겠느냐."

수보리가 말씀드렸다.

"아닙니다. 세존이시여. 왜냐하면 사다함은 '한번 왕래할 자'라고 불리지만 '실로 한번 왕래함이 없는 것을 사다함'이라 말하기 때문입니다."

"수보리여, 어떻게 생각하느냐. 아나함이 '나는 아나함의 도과를 얻었다'고 생각하겠느냐."

수보리가 말씀드렸다.

"아닙니다. 세존이시여. 왜냐하면 아나함은 '되돌아오지 않는 자'라 불리지만 실로 되돌아오지 않음이 없는 것을

아나함이라 말하기 때문입니다."(아나함은 욕계 구품혹九品
惑을 끊고 한번 천상에 가면 다시 오지 않는다)

"수보리여, 어떻게 생각하느냐. 아라한이 '나는 아라한의
도과를 얻었다'고 생각하겠느냐."

수보리가 말씀드렸다.

"아닙니다. 세존이시여. 왜냐하면 실로 아라한이라 할 만
한 법이 없기 때문입니다. 세존이시여. 아라한이 '나는
아라한의 도과를 얻었다'고 생각한다면 아·인·중생·수
자에 집착하는 것입니다. 세존이시여. 부처님께서는 저
를 다툼이 없는 삼매를 얻은 사람 가운데 제일이고 욕망
을 여읜 사람 가운데 제일가는 아라한이라 말씀하셨습
니다. 세존이시여. 저는 제가 욕망을 여읜 아라한이라고
생각하지 않습니다. 세존이시여, 제가 아라한의 도과를
얻었다고 생각한다면 세존께서는 '수보리는 아란나행(寂
靜行)을 누리는 사람이다. 수보리는 실로 아란나행(寂靜行)
을 한 것이 없으므로 수보리야말로 적정행寂靜行을 누리
는 것이다'라고 말씀하지 않으셨을 것입니다."

10. 정토를 장엄하는 분(莊嚴淨土分)

부처님께서 수보리에게 말씀하셨다.

"어떻게 생각하느냐. 여래가 옛적에 연등불 처소에서 법을 얻은 것이 있느냐."

"없습니다. 세존이시여. 여래께서는 연등불 처소에서 실로 법을 얻은 것이 없습니다."

"수보리여, 어떻게 생각하느냐. 보살이 불국토를 장엄했느냐."

"아닙니다. 세존이시여. 왜냐하면 불국토를 장엄한다는 것은 곧 장엄하는 것이 아니므로 장엄한다고 말하기 때문입니다."

"이런 까닭에 수보리여, 모든 보살은 이와 같이 반드시 청정한 마음을 일으켜야 한다. 결코 색에 집착하지 않고 마음을 일으켜야 하고, 소리와 향기와 맛과 촉과 법에 집착하지 않고 마음을 일으켜야 한다. 마땅히 머문 바 없이 그 마음을 일으켜야 한다. 수보리여, 비유해서 어떤 사람의 몸이 수미산 왕만큼 크다고 하자. 그러면 어떻게 생각하느냐. 그 몸이 크다고 하겠느냐."

수보리가 말씀드렸다.

"매우 큽니다. 세존이시여. 왜냐하면 부처님께서는 몸을 말씀하신 것이 아니라 그 이름을 큰 몸이라 말씀하시기 때문입니다."

11. 하염없는 복승한 분(無爲福勝分)

"수보리여, 항하恒河의 모래 수만큼 항하가 있다면 어떻게 생각하느냐. 이 모든 항하의 모래 수는 얼마나 많겠느냐."

수보리가 말씀드렸다.

"대단히 많습니다. 세존이시여. 무릇 모든 항하도 헤아릴 수 없이 많은데 하물며 그들의 모래 수이겠습니까."

12. 정교를 존중하는 분(尊重正教分)

"또한 수보리여, 이 경전의 사구게만이라도 설해지는 곳
이라면 일체 모든 세간, 천신, 인간, 아수라가 마땅히 공
양하는 여래(佛)의 탑묘佛塔임을 알아야 한다. 하물며 이
경전 전체를 받고 지니며 읽고 외우는 사람이겠는가. 수
보리여, 이 사람은 최상이고 제일가며 희유한 법法을 성
취한 것임을 알아야 한다. 이와 같이 경전이 있는 곳이라
면 곧 여래와 존경받는 제자들이 계시는 곳이다."

13. 법다히 수지하는 분(如法受持分)

그때 수보리가 부처님께 말씀드렸다.

"세존이시여. 이 경전을 무엇이라 불러야 하고, 저희들은
어떻게 받들어 지녀야 합니까."

부처님께서 수보리에게 말씀하셨다.

"이 경전의 제명은 '금강반야바라밀'이다. 이 제명으로 너
희들은 받들어 지녀야 한다. 수보리여, 왜냐하면 여래(佛)
가 반야바라밀을 말씀하신 것은 곧 반야바라밀이 아니
라 이름이 반야바라밀이기 때문이다. 수보리여, 어떻게
생각하느냐. 여래가 설법한 것이 있느냐."

수보리가 부처님께 말씀드렸다.

"세존이시여. 여래께서는 설법하신 것이 없습니다."

"수보리여, 어떻게 생각하느냐. 삼천대천세계를 이루고 있
는 가는 티끌이 많다고 하겠느냐."

수보리가 말씀드렸다.

"대단히 많습니다. 세존이시여."

"수보리여, 모든 가는 티끌에 대하여 여래는 미진微塵을
말한 것이 아니라 그 이름이 미진이며, 세계에 대하여 여
래는 세계를 말한 것이 아니라 그 이름이 세계이다. 수보

리여, 어떻게 생각하느냐. 삼십이상을 통해서 여래를 볼 수가 있느냐."

"아닙니다. 세존이시여. 삼십이상을 통해서는 여래를 볼 수가 없습니다. 왜냐하면 여래께서 삼십이상을 말씀하신 것은 곧 그 상이 아니라 이름이 삼십이상이기 때문입니다."

"수보리여, 만일 어떤 선남자 선여인이 항사의 모래 수만큼의 신명으로써 보시한다. 만일 또 어떤 사람은 이 경전의 사구게만이라도 받고 지니며 다른 사람을 위해 설한다. 그러면 이 복덕이 저 복덕보다 대단히 많다."

14. 상을 여의어 적멸한 분(離相寂滅分)

그때 수보리가 이 경전 설하심을 듣고서 깊이 뜻을 이해하여 감격의 눈물을 흘리며 부처님께 말씀드렸다.

"희유하십니다. 세존이시여. 제가 옛적부터 지금까지 얻은 혜안으로는 부처님께서 이와 같이 대단히 깊은 경전 설하심을 들은 적이 없습니다.

세존이시여. 만약 어떤 사람이 이 경전을 얻어듣고 믿음이 청정해지면 곧 실상實相이 생길 것이니 그 사람은 반드시 가장 희유한 공덕을 성취할 것입니다.

세존이시여. 이 실상이란 곧 실상이 아니므로 여래께서 이름을 실상이라 말씀하십니다.

세존이시여. 제가 지금 이 경전을 믿고 이해하며 받고 지니는 것은 어렵지 않습니다. 그러나 만약 미래세 후오백세에 어떤 중생이 이 경전을 믿고 이해하며 받고 지닌다면 그 사람은 곧 제일 희유할 것입니다. 왜냐하면 이 사람은 아상·인상·중생상·수자상이 없기 때문입니다. 왜냐하면 아상은 곧 아상이 아니고 인상·중생상·수자상들도 곧 이 상이 아니기 때문입니다. 왜냐하면 일체의 상을 벗어난 사람을 제불諸佛이라 말하기 때문입니다."

부처님께서 수보리에게 말씀하셨다.

"그래, 바로 그렇다."

"만약 어떤 사람이 이 경전을 얻어듣고 놀라지 않고 겁내지 않으며 두려워하지도 않는다면, 그 사람은 매우 희유한 사람인 줄을 알아야 한다. 수보리여, 왜냐하면 여래가 말한 제일 반야바라밀은 곧 제일 반야바라밀이 아니라 이름이 제일 반야바라밀이기 때문이다.

수보리여, 인욕바라밀을 여래는 인욕바라밀이 아니라, 이름이 인욕바라밀이라고 설하였다.

수보리여, 왜냐하면 내가 옛적에 가리왕에게 신체가 베이고 끊어졌을 때 나에게는 아상·인상·중생상·수자상이 없었기 때문이다. 왜냐하면 옛적에 신체가 베이고 끊어졌을 때 나에게 아상·인상·중생상·수자상이 있었다면 성내고 원망하는 마음이 생겼을 것이다.

수보리여, 또한 생각하면 과거 오백세 동안에 인욕선인이 있었는데 그때 아상과 인상이 없었고 중생상과 수자상이 없었다.

수보리여, 이런 까닭에 보살은 모든 상을 여의어서 아뇩다라삼먁삼보리심을 일으켜야 한다. 반드시 형색에 집착이 없이 보리심을 일으켜야 하고, 소리·향기·맛·촉·법에 집착이 없이 보리심을 일으켜야 한다. 반드시 집착이 없이 보리심을 일으켜야 한다. 만약 마음에 집착이 있으면 곧 올바른 머묾(安住)이 아니다. 그러므로 여래가 보살은 형색에 집착이 없는 마음으로 보시해야 한다고 설하였다.

수보리여, 보살은 일체중생을 이롭게 하기 위해 반드시 이와 같이 보시해야 한다. 여래는 일체의 제상을 곧 상이 아니라고 설하였고, 또 일체의 중생을 곧 중생이 아니라고 설하였다.

수보리여, 여래는 참된 말을 하는 자이고 실다운 말을 하는 자이며 여여如如한 말을 하는 자이고 미친 말을 하지 않는 자이며 다른 말을 하지 않는 자이다.

수보리여, 여래가 얻은 법에는 실다운 것도 없고 헛된 것도 없다.

수보리여, 만약 보살이 법에 집착하는 마음으로 보시하면 마치 사람이 어두운 곳에 들어가면 아무것도 볼 수가 없는 것과 같고, 보살이 법에 집착하지 않는 마음으로 보시하면 마치 눈 있는 사람이 햇빛이 빛나면 갖가지 모습을 볼 수가 있는 것과 같다.

수보리여, 만약 당래세에 어떤 선남자 선여인이 이 경전

을 받고 지니며 읽고 외운다면 곧 여래는 부처의 지혜로
그 사람이 모두 한량없는 공덕을 성취할 것을 다 알고 다
본다."

15. 경을 가진 분(持經功德分)

"수보리여, 만약 어떤 선남자 선여인이 아침나절에 항하의 모래 수만큼의 몸으로 보시하고 점심나절에 다시 항하의 모래 수만큼의 몸으로 보시하며 저녁나절에 또 항하의 모래 수만큼의 몸으로 보시하여 이와 같이 무량백·천·만·억겁에 몸으로 보시한다고 하자. 만약 다시 어떤 사람이 이 경전을 듣고 신심으로 거스르지 않는다고 하자. 그러면 이 복덕이 저 복덕보다 뛰어나다. 하물며 이 경전을 기록하고 베껴 쓰고 받고 지니며 읽고 외우며 다른 사람을 위해 해설해주는 것이겠는가.

수보리여, 요약해서 말하면 이 경전에는 사량할 수가 없고 헤아릴 수도 없으며 끝없는 공덕이 있다. 여래는 대승심을 발한 자를 위하여 설하고 최상승심을 발한 자를 위하여 설한다. 만약 어떤 사람이 받고 지니며 읽고 외워서 널리 다른 사람을 위해 해설해주면 여래는 그 사람이 헤아릴 수 없고 말할 수 없으며 끝없는 공덕을 성취할 줄을 다 알고 다 본다. 그와 같은 사람들은 여래의 아눅다라삼먁삼보리를 짊어지게 될 것이다.

수보리여, 왜냐하면 만약 소승법을 좋아하는 자는 아

견·인견·중생견·수자견에 집착하므로 이 경전을 듣고 받으며 읽고 외우며 다른 사람을 위해 설명해줄 수가 없기 때문이다. 또 수보리여, 만약 이 경전이 있는 곳이라면 어디든지 일체 세간의 천상·인간·아수라들에게 반드시 공양을 받을 것이다. 그곳은 곧 탑묘가 되어 마땅히 모두가 공경하고 예배를 드리며 돌면서 여러 가지 꽃과 향을 뿌리는 줄을 반드시 알아라."

16. 능히 업장을 청정케 한 분(能淨業障分)

"수보리여, 선남자 선여인이 이 경전을 받고 지니며 읽고 외웠는데도 남한테 천대와 멸시를 받는다면 그 사람은 전생에 죄업으로 악도에 떨어져야 했지만, 금생에 남에게 천대와 멸시를 받는 것으로 전생의 죄업이 소멸되고 반드시 아뇩다라삼먁삼보리를 얻을 것이다.

수보리여, 기억해보면 연등불을 만나기 전 과거 무량한 아승지겁 동안에 팔백 사천 만억 나유타의 제불을 만나서 모두 공양하고 섬기며 그냥 지나친 적이 없었다. 만약 또 어떤 사람이 후말세에 이 경전을 받고 지니며 읽고 외워서 얻은 공덕과 비교하면 내가 제불께 공양한 공덕은 그 백 분의 일도 안 되고, 천 만 억 분의 일도 안되며, 나아가서 산술 비유로도 미치지 못한다. 수보리여, 만일 선남자 선여인이 후말세에 이 경전을 받고 지니며 읽고 외워서 얻는 공덕을 내가 자세하게 말한다면 혹 그것을 듣는 사람은 곧 마음이 미쳐버리고 의심하여 믿지 못할 것이다. 수보리여, 이 경전의 뜻이 불가사의하고 그 과보도 또한 불가사의한 줄을 알아야 한다."

17. 구경에 아가 없는 분(究竟無我分)

그때 수보리가 부처님께 말씀드렸다.

"세존이시여, 아뇩다라삼먁삼보리심을 일으킨 선남자 선여인은 마땅히 어떻게 안주하고 어떻게 그 마음을 항복받아야 합니까."

부처님께서 말씀하셨다.

"만약 선남자 선여인으로서 아뇩다라삼먁삼보리심을 일으킨 사람은 마땅히 다음과 같이 마음을 일으켜야 한다. '나는 반드시 일체중생을 멸도하리라. 일체중생을 멸도시켰지만 실제로는 어떤 중생도 멸도를 얻은 자가 없다.' 수보리여, 왜냐하면 만약 보살에게 아상·인상·중생상·수자상이 있으면 곧 보살이 아니기 때문이다. 수보리여, 왜냐하면 실로 아뇩다라삼먁삼보리심을 일으킬 만한 법은 없기 때문이다. 수보리여, 어떻게 생각하느냐. 여래가 연등불 처소에서 터득한 아뇩다라삼먁삼보리가 있었느냐."

"아닙니다. 세존이시여. 제가 부처님께서 설하신 뜻을 이해하기로는 부처님께서 연등부처님 처소에서 터득한 아뇩다라삼먁삼보리라 할 법이 없습니다."

부처님께서 말씀하셨다.

"그래, 그렇다. 수보리여, 여래가 아뇩다라샴먁삼보리를 터득한 법은 없다. 수보리여, 여래가 아뇩다라샴먁삼보리를 터득한 법이 있었다면 연등불은 나한테 그대는 내세에 석가모니라는 이름의 부처가 될 것이라고 수기하지 않았을 것이다. 아뇩다라삼먁삼보리를 터득한 법이 실제로 없었으므로 연등불은 나한테 그대는 내세에 반드시 석가모니라는 이름의 부처가 될 것이라고 수기하였다. 왜냐하면 여래란 제법의 진여라는 뜻이기 때문이다. 수보리여, 만약 어떤 사람이 여래는 아뇩다라삼먁삼보리를 터득하였다고 말한다 해도 여래에게는 아뇩다라삼먁삼보리를 터득한 법이 실제로 없다. 수보리여, 여래가 터득한 아뇩다라삼먁삼보리에는 실다움도 없고 허망함도 없다. 그러므로 여래는 일체법을 모두 불법이라고 설한다. 수보리여, 일체법이라 말한 것은 곧 일체법이 아니므로 일체법이라 말한 것이다. 수보리여, 비유하면 사람의 몸이 장대한 것과 같다."

수보리가 말씀드렸다.

"세존이시여. 여래께서 사람의 몸이 장대하다고 말씀하신 것은 곧 장대한 몸이 아니라 그 이름이 장대한 몸입

니다."

"수보리여, 보살도 또한 그와 같다. 만약 보살 자신이 반드시 한량없는 중생을 제도할 것이라고 말한다면 그것은 보살이 아니다. 수보리여, 왜냐하면 실로 보살이라 할 만한 존재(法)가 없기 때문이다. 이런 까닭에 여래는 일체법에 아가 없고 인이 없으며 중생이 없고 수자가 없다고 설한다. 수보리여, 만약 보살 자신이 반드시 불국토를 장엄할 것이라고 말한다면 그것은 보살이라 말할 수가 없다. 왜냐하면 여래가 불국토를 장엄한다고 말하는 것은 곧 장엄이 아니라 이름이 장엄이기 때문이다. 수보리여, 만약 보살이 무아법에 통달한다면 여래는 그를 진정한 보살이라 일컫는다."

18. 일체로 보는 분(一體同觀分)

"수보리여, 어떻게 생각하느냐. 여래에게 육안肉眼이 있느냐."

"그렇습니다. 세존이시여. 여래에게는 육안이 있습니다."

"수보리여, 어떻게 생각하느냐. 여래에게 천안天眼이 있느냐."

"그렇습니다. 세존이시여. 여래에게는 천안이 있습니다."

"수보리여, 어떻게 생각하느냐. 여래에게 혜안慧眼이 있느냐."

"그렇습니다. 세존이시여. 여래에게는 혜안이 있습니다."

"수보리여, 어떻게 생각하느냐. 여래에게 법안法眼이 있느냐."

"그렇습니다. 세존이시여. 여래에게는 법안이 있습니다."

"수보리여, 어떻게 생각하느냐. 여래에게 불안佛眼이 있느냐."

"그렇습니다. 세존이시여. 여래에게는 불안이 있습니다."

"수보리여, 어떻게 생각하느냐. 여래는 항하의 모든 모래에 대하여 그 모래를 설했느냐."

"그렇습니다. 세존이시여. 여래는 모래에 대하여 설하셨습니다."

"수보리여, 어떻게 생각하느냐. 한 항하의 모래가 있고 그
모래 수만큼의 항하가 있는데 저 모든 모래 수만큼의 불
세계가 있다면 그것은 얼마나 많겠느냐."

"대단히 많습니다. 세존이시여."

부처님께서 수보리에게 말씀하셨다.

"그 국토에 있는 중생의 갖가지 마음(若干種心)을 여래는
다 안다. 왜냐하면 여래가 말한 모든 마음은 곧 마음이
아니라 이름이 마음이기 때문이다. 수보리여, 왜냐하면
과거심도 얻지 못하며, 현재심도 가히 얻지 못하며, 미래
심도 가히 얻지 못하기 때문이다."

19. 법계 통화하는 분(法界通化分)

"수보리여, 어떻게 생각하느냐. 만약 어떤 사람이 삼천대천세계에 칠보를 가득히 채워서 보시한다면 이 사람이 그 인연으로 얻는 복덕이 많겠느냐."

"그렇습니다. 세존이시여. 이 사람이 그 인연으로 얻는 복덕은 대단히 많을 것입니다."

"수보리여, 복덕이 실로 있다면 여래는 얻는 복덕이 많다고 말하지 않았을 것이다. 복덕이 없기 때문에 여래는 얻는 복덕이 많다고 말한 것이다."

20. 색을 여의고 생을 여읜 분(離色離相分)

"수보리여, 어떻게 생각하느냐. 여래를 구족색신具足色身을 통해서 볼 수가 있겠느냐."

"아닙니다. 세존이시여. 여래를 구족색신을 통해서 볼 수는 없습니다. 왜냐하면 여래께서 말씀하신 구족색신은 곧 구족색신이 아니라 이름이 구족색신이기 때문입니다."

"수보리여, 어떻게 생각하느냐. 여래를 구족제상具足諸相을 통해서 볼 수가 있겠느냐."

"아닙니다. 세존이시여. 여래를 구족제상을 통해서 볼 수는 없습니다. 왜냐하면 여래께서 말씀하신 구족제상은 곧 구족제상이 아니라 이름이 구족제상이기 때문입니다."

21. 설하되 설할 바 없는 분(非說所說分)

"수보리여, 그대는 '여래께서 설법한 적이 없다'고 말하지 말고, 또 그런 생각도 하지 말라. 왜냐하면 어떤 사람이 '여래께서 설법하였다'고 말한다면 곧 여래를 비방하는 것으로 내가 설한 것을 알지 못했기 때문이다. 수보리여, 설법이란 설할 만한 법이 없으므로 이름을 '설법한다'고 말한다."

그때 혜명 수보리가 부처님께 말씀드렸다.

"세존이시여. 미래세에 이 설법을 듣고 신심을 일으킬 중생이 조금이라도 있겠습니까."

부처님께서 말씀하셨다.

"수보리여, 저들은 중생이 아니고 중생이 아닌 것도 아니다. 수보리여, 왜냐하면 중생 중생이란 여래가 중생이라 말한 것이 아니라 곧 이름이 중생이기 때문이다."

수보리가 부처님께 말씀드렸다.

"세존이시여. 부처님께서 아뇩다라삼먁삼보리를 얻었습니까. 얻은 바가 없습니까."

부처님께서 말씀하셨다.

"그래, 그렇다. 수보리여, 나는 아뇩다라삼먁삼보리 내지

소소한 어떤 법도 얻은 것이 없으므로 곧 이름이 아뇩다
라삼먁삼보리이다."

23. 정심행선분(淨心行善分)

"수보리여, 또한 이 법은 평등하여 높고 낮음이 없으니 곧 이름이 아뇩다라삼먁삼보리이다. 아我가 없고 인人이 없고 중생衆生이 없고 수자壽者가 없이 일체의 착한 법을 닦음으로써 아뇩다라삼먁삼보리를 얻는다. 수보리여, 여래가 설한 착한 법이란 착한 법이 아니므로 곧 이름이 착한 법인 것이다."

24. 복지가 비할 데 없는 분(福智無非分)

"수보리여, 만약 어떤 사람이 삼천대천세계에 있는 모든 수미산왕만큼의 칠보 무더기를 가지고 보시한다고 하자. 어떤 사람이 이 반야바라밀경 내지 사구게 등을 받고 지니며 읽고 외워서 다른 사람을 위해 설해준다고 하자. 그러면 앞의 복덕은 이 복덕의 백분의 일에도 미치지 못하고, 천분의 일 만분의 일 억분이 일에도 미치지 못하며, 내지 산수算數나 비유로도 미치지 못한다."

25. 화하여도 화하는 바 없는 분(化無所化分)

"수보리여, 어떻게 생각하느냐. 그대들은 여래 자신이 중생을 제도하리라는 생각을 한다고 말하지 말라. 수보리여, 그런 생각도 하지 말라. 왜냐하면 여래가 제도한 중생은 실로 없기 때문이다. 만약 여래가 제도한 중생이 있다면 여래에게도 아我·인人·중생衆生·수자壽者라는 집착이 있는 것이다. 수보리여, 여래는 아我에 대한 집착은 곧 아에 대한 집착이 아니라고 설하였다. 그런데도 범부는 아에 집착을 한다. 수보리여, 범부라는 것도 여래가 범부라 말한 것이 아니라 이름이 범부일 뿐이다."

26. 법신이 상 아닌 분(法身非相分)

"수보리여, 어떻게 생각하느냐. 삼십이상三十二相을 통해서 여래를 볼 수가 있느냐."

"예, 그렇습니다. 삼십이상을 통하여 여래를 볼 수가 있습니다."

부처님께서 말씀하셨다.

"수보리여, 만약 삼십이상을 통해서 여래를 볼 수가 있다면 전륜성왕도 여래이겠구나."

수보리가 부처님께 말씀드렸다.

"세존이시여. 제가 부처님께서 설하신 뜻을 이해하기로는 결코 삼십이상을 통하여 여래를 볼 수는 없습니다."

그때 세존께서 게송을 설하여 말씀하셨다.

"색으로 나를 보려 한다거나
음성으로 나를 구하려 하면
이 사람은 사도를 행함이니
결코 여래를 보지 못하리라."

27. 끊는 것도 없고 멸함도 없는 분(無斷無滅分)

"수보리여, 그대가 만일 여래는 구족상을 갖추지 않았기 때문에 아뇩다라삼먁삼보리를 얻었다는 생각이 들더라도, 수보리여, 여래가 구족상을 갖추지 않았기 때문에 아뇩다라삼먁삼보리를 얻었다고 생각하지 말라. 수보리여, 그대가 아뇩다라삼먁삼보리심을 일으킨 자가 제법의 단멸을 설한다는 생각이 들더라도 그런 생각을 해서는 안 된다. 왜냐하면 아뇩다라삼먁삼보리심을 일으킨 자는 제법에 대하여 단멸상을 말하지 않기 때문이다."

28. 받지 않고 탐하지 않는 분(不受不貪分)

"수보리여, 어떤 보살은 항하의 모래 수만큼 세계에 칠보를 가득 채워서 그것을 가지고 보시한다. 또 어떤 사람은 일체법이 무아임을 알아서 인욕을 성취한다. 그러면 이 보살의 공덕이 저 보살의 공덕보다 뛰어나다. 수보리여, 왜냐하면 이 보살은 복덕을 받지 않기 때문이다."

수보리가 부처님께 말씀드렸다.

"세존이시여. 어찌 보살은 복덕을 받지 않습니까."

"수보리여, 보살은 자신이 지은 복덕에 탐착하지 않으므로 복덕을 받지 않는다고 말한다."

29. 위의 적정한 분(威儀寂靜分)

"수보리여, 만일 어떤 사람이 '여래는 오고 가며 앉고 눕는다'고 말하면 그 사람은 내 설법의 뜻을 이해하지 못한 것이다. 왜냐하면 여래란 오는 바도 없고 가는 바도 없으므로 이름이 여래이기 때문이다."

30. 일합상분(一合理相分)

"수보리여, 어떤 선남자 선여인이 삼천대천세계를 부수어 미진을 만든다면 어떻게 생각하느냐. 그 미진들이 얼마나 많겠느냐."

수보리가 말씀드렸다.

"대단히 많습니다. 세존이시여. 왜냐하면 만약 미진들이 실제로 있다면 여래께서는 곧 미진들이라고 말씀하지 않았을 것입니다. 왜냐하면 여래께서 설하신 미진들은 곧 미진들이 아니라 곧 이름이 미진들이기 때문입니다. 세존이시여. 여래께서 설하신 삼천대천세계는 곧 세계가 아니라 곧 이름이 세계이기 때문입니다. 왜냐하면 만일 세계가 실로 있다면 곧 일합상이겠지만, 여래가 말한 일합상은 곧 일합상이 아니라 이름이 일합상이기 때문입니다."

"수보리여, 일합상이란 말할 수가 없는 것인데 무릇 범부들이 그것에 탐착할 따름이다."

31. 지견이 나지 아니한 분(知見不生分)

"수보리여, 어떤 사람은 여래가 아견·인견·중생견·수자
견을 설했다고 말한다. 수보리여, 어떻게 생각하느냐. 그
사람이 내가 설한 뜻을 이해했다 할 것인가."

"아닙니다. 세존이시여. 그 사람은 여래께서 설한 뜻을 이
해하지 못한 것입니다. 왜냐하면 세존께서 설한 아견·인
견·중생견·수자견은 곧 아견·인견·중생견·수자견이 아
니라 이름이 아견·인견·중생견·수자견이기 때문입니다."

"수보리여, 아뇩다라삼먁삼보리심을 일으킨 자는 일체법
에 대하여 반드시 이와 같이 알고 이와 같이 보며 이와
같이 믿고 이해하여 법상法相을 내지 않아야 한다. 수보
리여, 법상에 대하여 여래는 곧 법상은 아니라고 말하였
는데 이름이 법상이다."

32. 응화신이 참이 아닌 분(應化非眞分)

"수보리여, 만일 어떤 사람이 무량한 아승지 세계에 칠보를 가득 채워서 그것을 가지고 보시한다. 만일 어떤 선남자 선여인이 보리심을 일으켜서 이 경전을 지니고 내지 사구게 등을 받고 지니며 읽고 외워서 다른 사람을 위하여 연설해준다. 그러면 이 선남자 선여인의 복덕이 앞 사람의 복덕보다 뛰어나다. 그렇다면 다른 사람을 위하여 어떻게 연설해야 하겠는가. 상에 집착하지 말고 여여하고 부동해야 한다. 왜냐하면 일체의 유위법은 마치 꿈과 꼭두각시와 물거품과 그림자와 같고 이슬과 같고 또는 번개와 같으니 마땅히 이와 같이 보아야 한다."

부처님께서 이 경전을 모두 설하시니 장로 수보리와 모든 비구·비구니·우바새(청신사)·우바이(청신녀) 및 일체 세간의 천상·인간·아수라들이 부처님의 설법을 듣고 모두 크게 환희하여 믿고 받으며 받들고 행하였다.

'의심을 제거해 금강의 진심을 드러냄'이
용성 스님의 뜻

김호귀 동국대학교 불교학술원 HK교수

1.

『신역대장경금강경강의』는 용성 스님이 1936년 9월 30일 삼장역회三藏譯會에서 발행한 것으로 한문의 원문은 생략되고 한글 번역만 수록하고 있다. 이런 점에서 보면 이 책은 용성 스님이 일반의 대중에게 널리 보급하기 위한 목적으로 기존의 한문과 한글의 혼용본을 새롭게 개판한 것임을 알 수가 있다. 이런 까닭에 제명도 '신역대장경금강경강의'라고 순한글로 되어 있다. 본문은 경문의 대목을 113단락으로 나누고 각각의 대목에 대하여 해설을 붙여서 누구나 경문의 내용을 쉽게 이해할 수 있도록 해 주었다.

그 구성은 제일 앞부분에는 한글 번역에 붙이는 서문序文이 붙어 있고, 다음으로 경문의 본문이 '신역대장경금강경강의'라는 제명으로 붙어 있다. 이어서 경전의 제명에 대한 해석을 질문(疑問)과 답변(結答)의 형식으로 비교적 자세하게 설명하고 있다.

『금강경』의 개요를 설명한 서문을 통해서 용성 스님은 "부처님께서는 일체중생이 본래부터 지닌 깨달음의 자성을 금강과 같이 견고한 불심으로 간주하고 그것을 드러내어 성불하도록 해준다"고 말한다. 곧 불심의 본체는 집착이 없어 허공과 같고 그 지혜는 해와 달보다 밝다는 것이다. 또 용성 스님은 "부처님께서 일체중생이 자기의 청정심에 어두워서 무량겁 동안 생사에 윤회하는 것을 보시고 불쌍하게 여겨 수보리와 더불어 묻고 대답하여 낱낱이 그 의심을 모두 풀어주셨다"고 말한다.

2.

용성 스님은 경전의 제명題名에 대하여 네 단락으로 설명한다.

첫째는 『금강경』의 위상에 대하여 말씀하신다. 곧 20년 동안에 모든 제자에게 아함부阿含部와 방등부方等部를 설법하여 근기가 점점 성숙한 연후에 『금강경』을 설하여 금강과 같이 견고한 불성을 바로 가르쳐서 의심을 없애주고 믿음을 일으키게 한 것이지 모든 중생의 번뇌를 없애준다는 것이 아니라는 것이다.

둘째는 경전의 효용에 대하여 말씀하신다. 곧 『금강경』의 진정한 가르침을 수용할 수 있으려면 대승의 근기와 최상승最上乘의 근기를 지닌 사람이지 않으면 안 된다는 것을 설명하고 있다. 따라서 소승의 근기와 의심을 지닌 경우에는 도저히 엿볼 수조차 없기 때문에 수보리와 같은 덕이 높은 스님이 출현함으로써 비로소 경전이 세상에 출현하게 되었다는 것이다.

셋째는 『금강경』의 대의에 대하여 말씀하신다. 경문의 대의는 본래부터 갖고 있는 금강과 같이 견고한 불심을 드러내려는 것이지 따로 중생의 번뇌를 없애주려는 것이 아니었다고 말한다. 그래서 용성 스님은 "부처님이 20년 동안 모든 제자를 가르쳐도 오히려 믿지 못하더니 오늘날에 와서 수보리가 처음으로 조금 깨달아 홀연히 세존을 찬탄하였다. 이에 부처님이 여래의 금강과 같은 진심 및 금강과 같은 불성을 드러내어 제자들로 하여금 모든 의심을 단절하고 천진면목을 분명하게 드러내도록 한 것이지 중생의 번뇌를 단절했다는 말씀이 아니다"고 말한다.

넷째는 제명에 대한 명칭에 대하여 말씀하신다.

'금강'은 모든 망념을 베어버리고 모든 미세한 갈등까지도 모두 없애버리는 것이 마치 금강과 같이 날카롭다. '마하'는 한없이 크다는 말인데, 우리의 마음이 형상은 없지만 그 밝기로는 해와 달로 비유할 수 없고 그 덕성의 크기로는 하늘과 땅보다도 넓으며 그 광대하기로는 허공을 집어삼키고 그 체는 일체에 편만하여 없는 곳이 없으며 삼세에 끊긴 적이 없고 시방에 빈틈이 없다.

'반야'는 번역하면 지혜라는 말이다. 허공은 법을 설하지 못하고 법을 듣지도 못하며 지·수·화·풍으로 이루어진 육체는 원래 무정한 것으로 마치 목석과 같아서 법을 설하지도 못하고 법을 듣지도 못한다. 지금 우리의 목전에 역력하게 밝아 모든 형상이 없는 것이 법을 설하고 법을 듣는다. 이처럼 형상이 없는 그것이 진공眞空의 하늘에 빛나며 묘유妙有의 땅을 비추어 내·외에 한 줄기 광명이 분명하게 밝으며 행·주·좌·와 및 어·묵·동·정에 분명히 밝아서 항상 아는 것이다. '바라밀'은 중생의 생사 바다를 건너가서 최고의 깨달음의 언덕에 건너간다. '경'은 길게 가르친 말씀으로 금강과 같이 견고한 불성의 미묘한 진심과 오묘한 뜻을 가지고 후대의 중생에게 길을 열어 준다.

3.

용성 스님은 『금강경』이 유통되고 전승되어가는 연기緣

起에 대하여 다음과 같이 세 가지 의심을 통하여 설명을 한다.

"무릇 이 『금강경』을 설할 때에 세 가지 의심이 있었다. 하나는 부처님이 형상 있는 색신과 형상 없는 법신을 말하시며 큰 몸과 작은 몸을 말하셨는데, 제자들은 어떤 것이 진정한 부처님인지 모르니 이것을 의심한 것이다. 둘은 있음(有)을 말하시다가 홀연히 텅 빈 것(空)을 말하시며 또 텅 빈 것을 말하시다가 홀연히 있지 않음(非有)을 말하시니, 이것을 의심한 것이다. 셋은 법은 알아 듣지만 그 법이 하도 엄청나게 크고 자기의 근기는 미약하여 그것을 감당하지 못할까 의심하는 것이다. 이런 까닭에 부처님이 수보리의 질문에 따라서 의심을 결단해주신 것이다. 이로써 의심의 구름이 타파되면 자연히 금강과 같이 견고한 진심이 드러날 것이다."

곧 세존의 설법에 대하여 중생은 색신과 법신 등의 다양한 신체를 명확하게 이해하지 못하는 것을 의심하고, 유有와 무無의 활용에 대하여 의심을 하며, 중생 스스로의 근기에 대한 의심 등을 일으킨다. 이에 세존은 수보리와 다양하고 반복되는 문답을 통하여 그러한 의심을 제거해줌으로써 금강과 같이 견고한 진심이 드러나게 될 때

비로소『금강경』은 널리 전승될 수 있다는 것이다.

용성 스님은 경문의 본문에 대해서는 각 대목마다 자세한 해설을 붙여서 강의하는 형태로 설명하고 있다. 경문을 상권과 하권으로 분류하고, 다시 전체적으로 32분과에 의거하면서 각 단락을 나누었다. 용성 스님은 각 단락마다 붙인 해설은 경문에 대하여 글자를 따라서 해석하는 것을 지양하며, 전체적으로 경문의 대의를 중심으로 일괄한 것이 특징이기도 하다. 또한 대각교의 사상적인 토대가 되는『금강경』에 대한 교재 형태의 번역서라는 점도 눈여겨 볼 점이다.

벼락같이 진리를 꿰뚫는 통찰
백용성의 금강경 강의

2019년 7월 30일 초판 1쇄 발행일

지은이   백용성
풀이   김호귀
펴낸이   김미숙
편집인   김성동
디자인   박소희
펴낸곳   도서출판 어의운하
주소   10893 경기도 파주시 월롱면 누현길 94-2 티메카 E동 102호
전화   070-4410-8050
팩스   0303-3444-8050
페이스북   https://www.facebook.com/you-think
블로그   https://blog.naver.com/you-think
이메일   you-think@naver.com
출판등록   제406-2018-000137
ISBN   979-11-965609-2-8 (03220)